UNA AMISTAD MUY ESPECIAL

Por Dolores Cannon

Traducido al español por Laura Mitre

Big Sandy Press®
P.O. Box 754, Huntsville, AR 72740 USA
WWW.OZARKMT.COM

© 1981 por Dolores Cannon
Primera impresión 2021
Traducción al español: 2025

Todos los derechos reservados. Ninguna parte de este libro, ni total ni parcialmente, podrá ser reproducida, transmitida o utilizada en ninguna forma ni por ningún medio, ya sea electrónico, fotográfico o mecánico, incluyendo fotocopias, grabaciones o cualquier sistema de almacenamiento y recuperación de información, sin la autorización escrita de Ozark Mountain Publishing, Inc., excepto para citas breves incluidas en artículos literarios y reseñas.

Para solicitar autorización, serialización, condensación, adaptaciones o para acceder a nuestro catálogo de otras publicaciones, escriba a Ozark Mountain Publishing, Inc., apartado postal 754, Huntsville, AR 72740, ATENCIÓN: Departamento de Permisos.

Datos de Catalogación en Publicación de la Biblioteca del Congreso

Cannon, Dolores, 1931 – 2014

Una Amiga Muy Especial, por Dolores Cannon

Esta es la historia de una joven que se mudó de su infancia a un nuevo lugar en el país donde no conocía a nadie. Allí conoce a una amiga muy especial que la ayuda a adaptarse.

1. Amiga Imaginaria 2. Fuente 3. Metafísica 4. Adaptación
I. Cannon, Dolores, 1931 - 2014 II. Amiga Imaginaria III. Metafísica IV. Título

Número de Ficha de Catálogo de la Biblioteca del Congreso: 2025942978
ISBN: 978-1-950639-49-6

Diseño de Portada: Victoria Cooper Art
Traducido al español por: Laura Mitre
Edición del Libro: Times New Roman
Diseño del Libro: Nicklaus Pund

Publicado bajo el sello:

PO Box 754
Huntsville, AR 72740
WWW.OZARKMT.COM

Impreso en los Estados Unidos de América

Índice

Capítulo

1. El Encuentro — 1

2. ¿Qué es la Magia? — 15

3. El Nido De Avispas — 23

4. La Serpiente — 31

5. Sandy Se Mete En un Problema — 39

6. Los Patos y La Tortuga — 49

7. El Invierno Gélido — 59

8. La Despedida — 71

Sobre La Autora — 79

Ilustraciones:
Sandy (en la portada) de Dolores Cannon
El resto de las ilustraciones son de Daria Kilochko

Capítulo 1
El Encuentro

UNA AMISTAD MUY ESPECIAL

UNA AMISTAD MUY ESPECIAL

Nancy se sentó solemnemente junto a la ventana, observando cómo las gotas de lluvia rodaban sin cesar por los cristales. El clima era perfecto, porque para ella, las gotas de lluvia representaban eran todas las lágrimas que no había podido derramar desde que se mudó al campo. Había estado muy triste desde que se mudó, pero no podía decírselo a sus padres. Se sentirían muy mal. Pensaron que estaban haciendo lo mejor para toda la familia al decidir mudarse de la gran ciudad. Pensaron que vivir cerca de un pueblo pequeño no tendría tantos problemas y que podrían cultivar la mayor parte de sus alimentos. Nancy pensó que probablemente tenían razón, pero en un día como este, solo podía pensar en su mejor amiga, Jeanne.

¿Por qué sus padres no entendían cómo eran las cosas entre ella y Jeanne? Se habían prometido ser amigas para siempre, pero ¿cómo era posible ahora, con miles de kilómetros de distancia? Se habían contado todos los secretos más profundos e importantes que guardas en lo más profundo de tu corazón. Esos que nadie más puede saber y que tus padres jamás podrán comprender. Pero ahora, allí estaba, en una casa extraña, en una parte extraña del país, sin nadie. Nunca se había sentido tan sola en sus diez años de infancia.

El lugar que habían elegido estaba en la cima de una gran montaña arenosa. La gente lo llamaba así porque el suelo era como la arena de la playa. De hecho, hace millones de años era una playa. Había depósitos de piedra caliza en el valle de abajo, donde antes había un inmenso océano, pero eso fue mucho antes de que hubiera gente viviendo aquí en Arkansas. De hecho, nadie había vivido durante cincuenta años en el terreno que habían comprado. Así que sus padres estaban ocupados con todo el trabajo que implica convertir una casa en un hogar. Por supuesto, ella también estaba ocupada, ayudando con las obras, pero eso no importaba en un día como hoy, cuando solo podía pensar en cómo eran las cosas antes.

A su hermano, Tommy, no le molestaba, pero claro, era más grande, casi un adolescente. Le dejaban conducir el viejo coche por los caminos de tierra, algo que nunca le habrían permitido hacer en la ciudad; así que se sentía muy importante. Ya había empezado a hacer amigos y a buscar cosas que hacer, pero ¿quién quiere andar llevando a su hermanita pequeña a todos lados? Su madre le decía que no se preocupara, que el colegio empezaría en unos meses y que entonces haría un montón de amigos. Pero ahí estaba, a mediados de verano, y el colegio parecía muy lejano. ¿Por qué los padres no entendían lo aterrador que era empezar en un colegio nuevo donde no conocías a nadie? En el viejo colegio conocía a todo el mundo. Quizás aquí nunca encajaría. Quizás siempre sería la chica nueva. Quizás nadie la querría. Si tan solo tuviera una amiga con quien hablar, las cosas no le parecerían tan mal.

Con un profundo suspiro, Nancy pegó la cabeza al cristal y, por el rabillo del ojo, vio un rápido movimiento de algo afuera. Un vistazo fugaz de algo... rojo. ¿Rojo? «Debió ser un cardenal», pensó, y volvió a sus ensoñaciones.

La lluvia había parado a la hora de acostarse, y una brillante luna llena se deslizó tras las nubes. La luz dorada llenó la habitación de Nancy y la hizo casi tan clara como el día. Cuando la luz cayó sobre su cama, se despertó sobresaltada. Se quedó allí acostada intentando averiguar qué la había despertado. ¿Era la luz? No, había algo más... diferente... fuera de lugar. Miró a su alrededor. La suave luz iluminaba todos sus juguetes y objetos familiares, que estaban en sus lugares habituales. La

UNA AMISTAD MUY ESPECIAL

única diferencia que podía ver era la apariencia onírica que habían adquirido. No, nada en la habitación había cambiado. ¿Qué era entonces? "¡Espera!" ¡Ahí estaba otra vez!" Era un sonido, un sonido que la había despertado. Eso era lo que estaba fuera de lugar. ¿Pero qué era? ¿De dónde venía? No era el zumbido de los grillos ni el zumbido de los insectos nocturnos que suelen arrullarte en el campo. Ese sonido se había suavizado y apenas se oía. ¡No, parecía más bien un canto! Nancy estaba acostumbrada al hermoso canto del chotacabras por la noche. A veces se acercaban a la casa y a veces se volvían bastante fuertes. No, esto era diferente. Era un canto, pero no se parecía a nada que hubiera oído antes. Tenía un sonido hermoso y claro, como el tintineo de una campana, pero muy débil.

Se levantó de la cama y se acercó a la ventana para buscar el origen. Los restos de la lluvia centelleaban en pequeños charcos sobre el césped mientras la luna entraba y salía de entre las nubes, proyectando extrañas sombras por todas partes. Una docena de luciérnagas doradas parpadeaban y danzaban contra el fondo oscuro, como pequeñas estrellas caídas del cielo. De repente, percibió un movimiento. ¡Había algo ahí fuera! Mientras la luna entraba y salía, pudo distinguir la silueta de algo corriendo y saltando sobre los charcos. Todo el tiempo, el tenue sonido de un canto; claro, brillante, más parecido a una campanilla que a cualquier otra cosa que hubiera oído jamás. Pero ¿qué era aquello?

Nancy se frotó los ojos cuando la luna iluminó de repente una pequeña figura que bailaba en el césped. "¡Cómo!", exclamó, "¡parece una personita!". Definitivamente no era un pájaro ni un animal. Pudo distinguir una cabeza, brazos y piernas. Pronto se dio cuenta de que no había nada que temer al vislumbrar la expresión caprichosa en su rostro. Apoyó la cabeza en el alféizar de la ventana para observar sus travesuras mientras corría, saltaba y bailaba. ¡Qué extraño! ¿Qué era y de dónde venía? Pensó: "Mañana me lo preguntaré", y cerró los ojos para escuchar la hermosa canción que seguía y seguía.

El sol que entraba a raudales por la ventana la despertó a la mañana siguiente. Seguía junto a la ventana. "¿Qué hago aquí? ¿Dormí aquí anoche? ¿Quizás caminé dormida?"

UNA AMISTAD MUY ESPECIAL

Entonces, mientras miraba por la ventana a los pájaros jugando en los charcos de lluvia, recordó: «Fue un sueño muy extraño el que tuve anoche».

Una cosa sobre vivir en el campo: si buscas paz y tranquilidad, no es difícil encontrarla. Todos necesitamos un lugar propio donde podamos estar solos, pensar y soñar. El hermano de Nancy, Tommy, ya había encontrado "su" hogar. Era una pequeña cueva y planeaba parrilladas y campamentos allí este otoño con sus nuevos amigos. Bueno, Nancy también había encontrado "su" hogar. Un pequeño manantial en el bosque, rodeado de helechos y rocas cubiertas de musgo. Le gustaba volver allí cuando quería estar sola, sentarse con la espalda apoyada en un árbol y leer. Así que, ese día, caminaba por el bosque, libro en mano, hacia "su" hogar. Al menos podía pensar en sus propios pensamientos, aunque no tuviera con quién compartirlos.

Ardillas y conejos huían de ella, y los pájaros piaban ruidosamente en lo alto mientras caminaba entre los árboles. Entonces oyó otro sonido, que parecía provenir de su manantial. Era un sonido tan suave que alguien más podría no haberlo oído, pero parecía un llanto. Se acercó lentamente a un árbol grande y echó un vistazo. No podía creer lo que veía al ver de dónde provenía el sonido.

Sentado en una roca, casi oculto por los helechos que lo rodeaban, había una pequeña criatura. Parecía humano, pero era diminuto. Su rasgo más llamativo era una masa de pelo rojo tan rebelde que sobresalía por todas partes. El pequeño ser estaba sentado con sus manitas cubriéndose la cara y lloraba como si se le fuera a romper el corazón.

Nancy no le tenía miedo a la criatura, porque no había absolutamente nada que temer. Parecía tan triste. Obviamente, no sabía que ella estaba allí. Soltó el libro y exclamó: «No fue un sueño. ¡Tú eres a quien vi bailando en el césped! ¡Eres real, después de todo!».

Al oír su voz, el pequeño se levantó de un salto con un grito ahogado e intentó esconderse detrás de los helechos. «¡No te vayas!», suplicó. «Por favor, no te vayas. Quiero hablar contigo».

La mata de pelo rojo se asomó entre las hojas, y una vocecita aguda y aflautada dijo: —¿Quieres decir que puedes verme? ¿De verdad puedes verme?

"Por supuesto que puedo. Te estoy hablando a ti, ¿no?"

Salió lenta y cautelosamente y volvió a sentarse en la roca. "Sí, lo estás. Pero siempre he creído que la gente no podía verme. Al menos, siempre han actuado como si no pudieran. Por supuesto, viviendo aquí en el bosque como lo hago, no he visto muchos humanos. La mayoría de mis amigos son los pájaros y los animales y todos estamos bastante acostumbrados los unos a los otros. A veces vemos gente, pero suelen ser ellos los que vienen a hacer daño a los animales, y llevan esas cosas largas como palos que hacen mucho ruido".

Ya no parecía tenerle miedo mientras ladeaba la cabeza de un lado a otro para observarla.

"Ah, te refieres a un arma. Seguramente eran cazadores", dijo Nancy.

"Bueno, sean lo que sean, las criaturas del bosque siempre tienen mucho miedo cuando vienen, así que pensé que todos nos harían daño. Pero por alguna razón, nunca parecían verme. Eso me facilita avisar a mis amigos cuando veo venir gente. Tú no eres así, ¿verdad? ¿Tienes una de esas armas, esas cosas ruidosas?" Nancy se rió: "No, no tengo ninguna. No te preocupes, no te cazaría". Estaba encantada de hablar con esa criatura diminuta, pero también sentía curiosidad. "Dime, ¿por qué llorabas cuando acabo de subir?"

Bajó la cabeza y se sonrojó. "Bueno, me da vergüenza decírtelo. Siempre pensé que era feliz viviendo aquí con mis amigos. He estado aquí desde que tengo memoria y nunca supe que había algo diferente. Pero entonces, tú y tu familia se mudaron y los he estado observando. De repente, me di cuenta de que faltaba algo y me sentí tan solo que no pude evitar llorar".

Nancy no podía creer lo que oía. "¿Tú, te sientes solo? ¿Cómo es posible? Es tan hermoso y tranquilo aquí en el bosque, y tienes tantos amigos. Yo me he sentido muy sola porque tuve que dejar a mis amigos y no tengo con quién hablar".

Se rió: "¡No puedo creerlo! Creo que te estás burlando de mí. ¿Cómo puede la gente estar sola? Son tantos, se tienen los unos a los otros. Los he observado. Tienen a su familia con quien hablar todo el tiempo. ¿Yo? De repente me di cuenta de que soy único. Nunca he visto a nadie como yo. Sí, puedo hablar con los animales. Ellos no pueden hablar como tú, pero los entiendo. Pero la verdad es que son un poco tontos. También son egoístas, solo piensan en encontrar algo que comer y en sus propios grupitos. Me ha costado mucho enseñarles a vivir juntos. A veces me escuchan y a veces no. Supongo que no debería hablar así de ellos, porque al fin y al cabo son mis amigos. Pero cuando te vi, pensé en lo bien que sería compartir mis pensamientos con alguien que pudiera responderme. Te pareces mucho más a mí que ellos, solo que eres muy grande".

UNA AMISTAD MUY ESPECIAL

"¿Qué gracioso?", dijo Nancy. "Es lo mismo en lo que estaba pensando. ¡Caramba! Sería maravilloso si pudiéramos ser amigos y hablar. Así ninguno de las dos se sentiría sola. Pero ni siquiera sé tu nombre".

"¿Nombre? ¿Qué es un nombre?"

"Así nos llamamos", Nancy parecía confundida. "Es quién o qué eres".

"¿Acaso todo tiene que llamarse de alguna manera, para ser un quién o un qué? Solo soy yo. Siempre he sido yo. Nadie me ha llamado nunca de ninguna manera".

Nancy pensó: "Bueno, supongo que las personas tenemos que tener nombres para nosotros o sería terriblemente difícil distinguirnos. —Me llamo Nancy".

Frunció el ceño: "Supongo que la gente no es tan inteligente como creía. Debes necesitar nombres porque aún no has aprendido a mirar dentro y ver a la persona real. Ese eres tu verdadero yo, no un nombre. Pero supongo que si tienes que llamarme de alguna manera, simplemente elige algo".

Nancy estaba sumida en sus pensamientos: "¿Y Ralph? ¿Sidney? ¿No? Bueno, dices que has estado aquí desde que tienes memoria, así que realmente formas parte de la vida en Big Sandy Mountain. ¿Qué te parece un nombre como Sandy?"

Sacudió su cabecita pelirroja. "Bueno, supongo que si hay que ponerle un nombre a todo, ese vale tanto como cualquier otro". Soltó un gran suspiro. "Supongo que puedo vivir con ello".

"Sandy", sonrió Nancy. "De todas formas, me gusta cómo suena". Frunció el ceño. "Pero Sandy, ¿qué haces aquí solo? ¿Por qué no hay más gente?".

UNA AMISTAD MUY ESPECIAL

"Bueno, yo también me lo he preguntado muchas veces. Y cuando lo hago, el Espíritu Omnipresente me habla e intenta hacerme entender".

Nancy interrumpió: "¿Quién?".

Sandy pareció un poco confundida por un momento. "¿No me digas que no lo conoces? Pensé que sabrías más que yo. Él es quien, en cierto modo, lo dirige todo. El que está al mando. Entiendo por qué la gente no puede verme, porque yo no puedo verlo a Él. Lo llamo el Espíritu Omnipresente porque parece estar en todas partes. En realidad, es más como una voz, aunque la sientes más de lo que la oyes. Pero siempre es muy claro. Sabes exactamente lo que debes hacer. Bueno, un día me dijo que estoy aquí solo porque se supone que debo ayudar con la naturaleza, los animales y los pájaros. No somos muchos. Somos bastante especiales y Él no creó a muchos. Se supone que no debo interferir, solo intentar ayudar, sobre todo para que vivan en paz juntos. Pero a veces creo que no lo estoy haciendo muy bien, porque no siempre me escuchan." Simplemente siguen adelante y hacen lo que quieren. Me dio muchos trabajos y lo intento, pero todavía no soy muy buena en nada.

Nancy se rió: "Eso me suena muy familiar. Todos en mi familia podemos hacer algo, pero yo no logro hacer nada bien. Mi mamá me dice que no me preocupe, que algún día encontraré mi propia especialidad". Dice que todos pueden hacer algo. —¿Qué tipo de trabajos tienes que hacer?"

Frunció el ceño. —"Bueno, como dije, los que me dio no son fáciles. Todavía estoy aprendiendo y a veces me equivoco. Mi trabajo principal es: Todas las mañanas tengo que ir a buscar mi cubo de agua y poner las gotas de rocío en las hojas y las telarañas. Claro, el agua se evapora todos los días, así que tengo que hacerlo de nuevo a la mañana siguiente".

"¿Por qué tienes que hacer eso?"

Sandy negó con la cabeza. —"Suenas igual que esas arañas. Es lo mismo que me preguntan. Se enfadan porque hace que su telaraña sea resbaladiza. Así que te diré lo mismo que me dijeron a mí: ¿Tiene todo que tener una razón? ¿Acaso algunas cosas no pueden existir solo por la belleza? ¿Por el placer que te da mirarlas?"

"Nunca lo había pensado así".

Sandy se cruzó de brazos, enfadado. "Bueno, espero que todo mi trabajo no sea en vano. Espero que alguien vea su belleza. Intenté pintar las hojas en otoño, pero se me caía la pintura. Ya sabes, no es fácil trepar por los árboles y además intentar cargar latas de pintura. Así que Él me dijo que se encargaría de ello hasta que me acostumbrara a mis otros trabajos. Me dijo: «No te preocupes, nunca me dará más de lo que pueda soportar»".

Nancy se tapó la cara con las manos. «¡Caramba, Sandy, qué sabia eres! No creo que yo pudiera ser tan inteligente ni aunque viviera cien años. Debes de ser muy vieja. ¿Cuántos años tienes?».

"Ahí vas otra vez, nombrando cosas. ¿Viejo? ¿Qué es viejo? ¿Qué es el tiempo? Creo que es algo que ustedes los humanos inventan para complicar las cosas aún más. ¿Viejo? No lo sé. Dije que he estado aquí desde que tengo memoria. ¿Tiempo? Un día sigue a otro. El sol gira. Es luz y es oscuridad. Es cálido en verano y frío en invierno. ¿Por qué tenemos que poner límites? ¿Por qué no pueden simplemente disfrutar de todo lo que Él ha puesto aquí y no preocuparse por el tiempo, por el mañana? ¿Por qué no se detienen y miran a su alrededor? Hay tanta belleza y está ahí para que la vean. Eso es algo que he observado en ustedes, siempre parecen tener prisa".

UNA AMISTAD MUY ESPECIAL

De repente, el silencio del bosque fue interrumpido por una voz que llamaba desde la casa. Nancy dio un salto; fue inesperado. Estaba tan absorta en lo que Sandy decía. "Oh, tendré que irme". Es mi mamá llamándome para cenar. ¿Te veré de nuevo? Por favor, Sandy, di que puedo verte de nuevo. Sandy pensó un momento. "Supongo que sí. Tengo el presentimiento de que podrás verme todo el tiempo que me necesites. No sé qué pasará después. Siento que probablemente no tendré nada que decir al respecto. Pero siempre estoy cerca. Si me necesitas, solo llámame".

Nancy se levantó de un salto y se despidió con la mano, corriendo a regañadientes hacia la casa. Mirando hacia atrás por encima del hombro, aún podía distinguir una mancha roja contra la roca.

UNA AMISTAD MUY ESPECIAL

Capítulo 2
¿Qué Es La Magia?

UNA AMISTAD MUY ESPECIAL

UNA AMISTAD MUY ESPECIAL

Al día siguiente, en cuanto Nancy terminó sus tareas, echó a correr de vuelta por el bosque. Fue al manantial y buscó a Sandy. No lo vio por ningún lado. Llamó y llamó, un poco temerosa de que no viniera. De que no lo volviera a ver. Entonces oyó una vocecita aguda que le respondía. Pero parecía venir de arriba. Protegiéndose los ojos, miró hacia los árboles y las ramas. Entonces lo vio: una pequeña mata de pelo rojo que sobresalía de un agujero en el árbol hueco cercano.

Corrió hacia el árbol. "Ay, Sandy, tenía miedo de no encontrarte".

Él bostezó: "Ay, estoy aquí. No voy muy lejos. Pero anoche no dormí mucho, así que al principio no te oí".

"¿Qué demonios haces ahí en ese árbol hueco?". Tuvo que ponerse de puntillas para verlo.

"Ay, aquí es donde vivo". Una vez probé un viejo nido de pájaro, estuvo bien hasta que llovió. Entonces encontré esto. Se metió de nuevo dentro y le dijo que mirara en el agujero. Ella pudo ver una estera hecha de hojas, agujas de pino y muchas otras cosas que Sandy probablemente había recogido por el bosque.

Nancy dijo: "Se ve muy bonito. Seguro que estás bastante cómoda ahí dentro".

"Supongo que sí. Está bien la mayor parte del tiempo. Pero verás, tengo un par de ardillas vecinas arriba". Señaló. "Ahí arriba, en el otro agujero. Y a veces, anoche, por ejemplo, se ponen muy ruidosas. Parlotean, parlotean, parlotean. Y se ponen a correr por ahí dentro. Entonces empezaron a caerme de todo en la cabeza, sobre todo sus viejas cáscaras de nueces vacías. No pensé que se fueran a dormir nunca. Ya sabes que tengo que madrugar por mi trabajo. Hay gente que no piensa en nada más que en sí misma. Bueno, después de regresar de poner las gotas de rocío, pensé en volver a la cama por un rato, pero no tuve suerte". Estaba medio despatarrado fuera del agujero; tenía los ojos medio abiertos.

¿Qué pasó entonces? ¿Las ardillas volvieron a empezar? La interrumpió de repente un fuerte rat-a-tat-tat-bang-bang. Todo el árbol hueco se estremeció. "¿Qué demonios es eso?", preguntó con los ojos abiertos de sorpresa.

Ni siquiera tuvo que mirar, simplemente señaló hacia arriba. "Es solo él. Ha vuelto. ¿No lo ves ahí arriba? Es el pájaro carpintero. Es mi amigo, pero hoy me parece más una plaga".

Se protegió los ojos y miró hacia arriba. Cerca de la copa del árbol, un hermoso pájaro carpintero grande estaba sentado, picoteando la corteza vieja. Tenía plumas blancas y negras y una cabeza roja y puntiaguda. Golpeaba, miraba a Sandy y luego volvía a golpear.

"Es hermoso. No creo haber visto nunca un pájaro carpintero tan grande. ¿Pero qué quiere?"

"Bueno, en realidad no es culpa suya. Nos hemos acostumbrado. Casi todas las mañanas, cuando hace buen tiempo, viene y me lleva a dar un paseo. Me ayudó a encontrar este lugar para vivir. Hizo un agujero lo suficientemente grande como para que pudiera entrar y salir. E hizo pequeños huecos en el costado del árbol para los escalones, para que pudiera subir y bajar fácilmente. Un día tuve que ir a un lugar más lejos, y él sabía que no podía caminar tanto, así que se ofreció a llevarme. Fue tan divertido, y lo disfruté tanto, que lo hemos estado haciendo desde entonces. Pero parece que no lo entiende. No dormí mucho anoche y la verdad es que no quiero ir hoy. Además, ahora que estás aquí, prefiero hablar contigo". Ladeó la cabeza y miró a su amigo, el pájaro. Nancy pudo oír un suave

UNA AMISTAD MUY ESPECIAL

piar y luego el pájaro carpintero se fue volando. "Bueno, dijo que volvería mañana. Te tiene miedo. No le gusta acercarse demasiado a un humano".

"Bueno, no le haré daño". Es demasiado bonito. Sandy salió y se sentó en el borde del agujero. "Lo sé, pero aún no está muy seguro. Los animales y los pájaros han aprendido que es mejor no confiar en los humanos".

Nancy frunció el ceño. "Sabes, Sandy, he estado pensando mucho en ti. Aún no te entiendo. Ahora estoy más confundida que nunca. Si vas a lomos de un pájaro, no debes poder volar solo. Pensé que debías ser mágico. ¿Qué puedes hacer, de todos modos?"

Parecía sorprendido. "¿Qué quieres decir con qué puedo hacer? ¿Qué puedes hacer tú? La gente puede hacer cualquier cosa si lo desea con todas sus fuerzas. Nada es imposible para quienes creen. Todo está ahí, en tu mente. Los pensamientos son muy poderosos. Por eso debes tener mucho cuidado de no pensar en cosas malas que lastimen a otros. Pero si puedes imaginarlo y creer lo suficiente, puedes hacer cualquier cosa. Tal vez por eso pudiste verme, porque deseabas a alguien con tantas ganas. Estas cosas son tan fáciles de entender para mí, que pensé que ustedes también las conocían. Pero veo que no, así que supongo que tendré que enseñártelas".

"Pero Sandy, no me refiero a eso. Los elfos y las hadas sobre los que he leído en mis libros son personas pequeñas como tú, y todos son mágicos. Tienen poderes secretos".

Ladeó la cabeza y dijo con un brillo en los ojos: "Todo el poder secreto que necesitarás está escondido en tu interior. ¿Y la magia? Está por todas partes, y probablemente nunca lo hayas notado".

UNA AMISTAD MUY ESPECIAL

Nancy parecía confundida. "¡Por todas partes! Pero Sandy, no lo entiendo."

Bajó del árbol. "¡Ay, humanos! ¡Me llevé más de lo que esperaba cuando me metí contigo! Bueno, siéntate aquí e intentaré explicarte algunas cosas." Se sentó en el musgo junto a ella y continuó: "¿Alguna vez has escuchado el susurro del viento al soplar entre las ramas? Suena casi como si los árboles hablaran entre sí. ¿O qué tal el repiqueteo de las gotas de lluvia al caer sobre las hojas y el dulce aroma de la tierra cuando se moja? Y cuando termina de llover, ¿alguna vez has visto un arcoíris? Y luego el sol, al abrirse paso entre las nubes, crea todo tipo de dibujos en el suelo al brillar a través de las hojas de los árboles. Estas son algunas de las cosas más mágicas y hermosas que conozco."

"No, supongo que la mayoría de la gente está demasiado ocupada para notar ese tipo de cosas. Cuando llueve, solo pienso en que no puedo salir o me mojaré. Normalmente me alegro cuando deja de llover. Supongo que la mayoría de nosotros consideramos la lluvia una molestia."

"¿Una molestia?" Dio un pisotón. "Déjame mostrarte lo que pasa después de la lluvia. Levanta ese montón de hojas muertas de ahí. ¿Ves las hojitas verdes y las florecillas amarillas que sobresalen de la tierra? Y esa pequeña bellota de ahí. De ahí es de donde surgió ese gran roble de allá. ¿Cómo podría suceder todo esto sin la lluvia? ¡Hablas de magia, eso es magia de verdad!".

Se levantó de un salto y corrió hacia otro árbol. "Ven aquí. Si quieres magia, ¡te enseñaré magia!" Ella lo siguió dócilmente para ver qué señalaba Sandy.

Allí, en el hueco de una rama, había un nido de pájaro. "¿Qué quieres decir? Solo veo un nido de pájaro."

"Bueno, entonces abre los ojos. Ustedes miran cosas, pero parece que no ven nada." Dijo enfadado. "¿Hay algo en el nido?"

"¡Pues sí, hay cuatro huevitos!" Entonces, la atención de Nancy se fijó en un arrendajo azul que estaba sentado cerca, gritándole y preocupándose. "Bueno, quiero que levantes uno con cuidado y lo sostengas en la mano". Nancy dudó al mirar al pájaro enojado. "No te preocupes por ella. Le explicaré que no vas a hacerles daño. Bueno, dime qué te parece".

Se quedó quieta sosteniendo el pequeño huevo en la mano. De repente, abrió los ojos de golpe, sorprendida, y jadeó. "¡Vaya! Siento algo. Hay algo moviéndose dentro del cascarón".

"Sí, ese es el pajarito. Pronto saldrá del cascarón. Ahí tienes la magia más grande de todas. ¡La magia de la vida! ¿Por qué la gente no entiende que es lo más maravilloso del mundo? ¿Por qué tienen que esperar a que sea demasiado tarde para apreciarla de verdad?"

Sandy se acercó y volvió a subir a su árbol hueco. Se sentó en la entrada y bostezó. "Creo que intentaré echarme otra siesta antes de que esas ardillas regresen de buscar nueces. De todas formas, necesitas tiempo para pensar en lo que te dije. Parece que se confunden si intento contarles demasiado".

Desapareció de nuevo dentro del agujero mientras Nancy se alejaba, sumida en sus pensamientos. Una mariposa bailaba frente a ella; la luz del sol brillaba en los muchos colores de sus alas. "¡Magia!", pensó en voz alta.

Capítulo 3
El Nido De Avispas

UNA AMISTAD MUY ESPECIAL

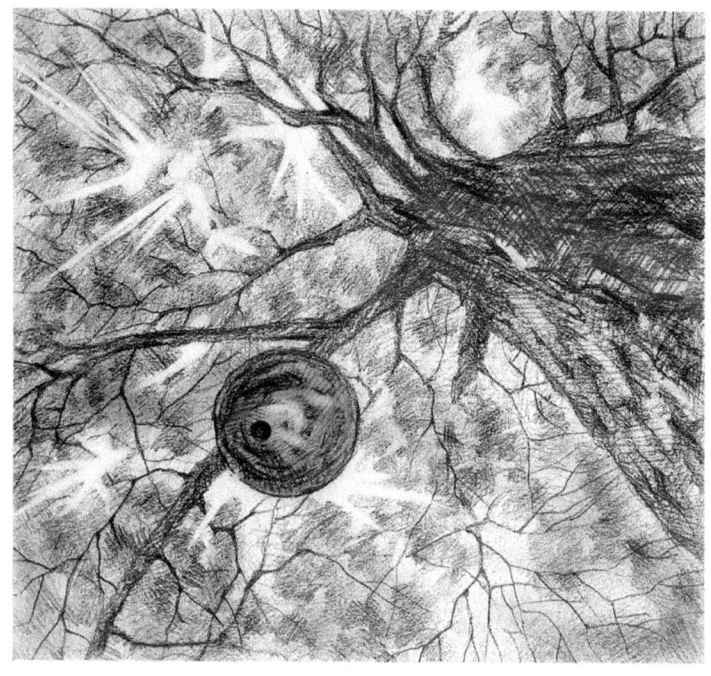

UNA AMISTAD MUY ESPECIAL

"¡**Oye**, espérame, Nancy!" —gritó Sandy mientras corría, saltaba e intentaba alcanzarla—. "Das pasos tan grandes que no puedo seguirte el ritmo."

Nancy se dio la vuelta sobresaltada. —"Ay, Sandy, no te vi. Normalmente estás en el bosque. Hoy no puedo volver. La familia se fue y tengo cosas que hacer aquí antes de que regresen. Así que probablemente estaré ocupada todo el día, pero quizás pueda sentarme aquí un ratito."

Fueron a un árbol grande que crecía cerca de la casa. El árbol tenía ramas largas y extendidas y daba muy buena sombra; además, el césped parecía muy apetecible. Así que Nancy se echó debajo del árbol mientras Sandy se posaba en una roca cercana. Le confesó a Sandy que, desde que lo conoció, ya no parecía extrañar tanto a su amiga Jeanne. No creía que eso significara que ya no la quisiera. Pensaba que tener a Sandy para hablar simplemente lo hacía más fácil.

Al mirar la luz del sol que se filtraba entre las hojas, de repente dejó escapar un grito ahogado y se incorporó. "¡Mira, arriba en el árbol! ¡Hay algo grande y oscuro ahí arriba!"

Sandy miró hacia arriba. "Oh, ¿no lo habías visto antes? Es solo un avispero. Grande, ¿verdad?"

"¡Un avispero!", gritó Nancy y saltó, lista para correr.

"¿No lo sabes? Todo el mundo le teme a los avispones. He visto películas y dibujos animados toda mi vida sobre gente perseguida por ellos. Son malos y crueles. Los avispones pican, ¿verdad?"

"He descubierto que ustedes le tienen tanto miedo a todo porque no entienden las cosas. ¿Acaso intentan entender? Piénsenlo. Ese nido es tan grande que debe haber estado ahí todo el verano. Si no los han molestado todavía, ¿por qué deberían molestarlos ahora?"

Nancy volvió a sentarse con cautela, sin apartar la vista de la oscura figura sobre su cabeza. "¿Sabes? Probablemente tengas razón. Todos hemos caminado bajo este árbol cientos de veces. Tommy estaba jugueteando con ese coche viejo justo debajo de este árbol. Ni siquiera sabíamos que estaba aquí".

"Quizás no los han molestado porque ustedes no los han molestado. Mientras no les quieran hacer daño, ¿por qué deberían lastimarlos? Tienen su propia vida, su propio papel en el orden de las cosas. No hay razón por la que no puedan vivir en paz juntos. La mayoría de las criaturas no lastiman a los humanos. Si se les da la oportunidad, preferirían mantenerse lo más lejos posible de los humanos. Viven mejor en su propio mundo sin los humanos. Algunas criaturas no siempre se comportan como me gustaría, pero el Espíritu Omnipresente creó todo por una razón. Nada es completamente malo. Tiene su razón de ser. Los humanos parecen tenerle miedo a todo y siempre intentan dañar lo que no comprenden. Cuando los humanos empiezan a alterar el orden de las cosas, es cuando solemos tener problemas."

"Puede que tengas razón, porque estaba pensando cómo podríamos deshacernos de ellos. No podría hacerlo porque estaría demasiado asustado, pero me preguntaba cómo lo harían mis padres. Sé que cuando lo vean, podrían intentar envenenarlo o quemarlo."

Sandy negó con la cabeza con tristeza. "¿Pero no lo ves? Si intentaran algo así, las avispas tendrían que defender su hogar y probablemente alguien saldría herido. No creo que debas decírselo a tus padres todavía. Quizás para cuando lo encuentren entiendan que lleva ahí mucho tiempo y que no ha causado problemas a nadie. ¿Por qué la gente no intenta aprender de las cosas de la naturaleza, en lugar de simplemente destruir lo que no entiende?"

"¿Qué quieres decir? ¿Cómo puedes aprender de la naturaleza?" Parecía desconcertada.

"Bueno, no tienes que ser tonta, solo aprende a respetarla. No hagas nada que las asuste, como golpear su nido. Solo estarán aquí unos meses más, así que aprende a apreciar su belleza."

"¡Uf!" —Nancy frunció el ceño—. "¿Cómo puede ser hermosa algo así?"

Sandy se puso las manos en las caderas y suspiró. —"Aquí vamos de nuevo. Ponte de pie, quiero que la mires. Abre los ojos y mírala de verdad." —Como Nancy dudó—, "Adelante. No te harán daño. Están demasiado ocupadas con sus propios asuntos."

Nancy se puso de pie y miró el nido a unos sesenta o noventa centímetros por encima de su cabeza. —"¡Pero si está hecho de algo que parece papel! Y hay una abeja sentada en la entrada mirándome. Parece una avispa, pero tiene la cara blanca. ¿Cómo hacen esa cosa que parece papel?"

"Obtienen sus materiales de construcción de madera vieja. A veces las puedes ver ahí en tu porche. Está hecho de madera tosca, y eso les queda perfecto. Probablemente por eso decidieron construir tan cerca de tu casa. Hay mucho material que pueden usar. Desmontan trocitos de madera y los mastican. Lo convierten en papel y lo pegan de alguna manera para hacer el nido. Es un trabajo duro y requiere a muchas de ellas para reparar el nido. El viento y la lluvia siempre están arrancando pedazos, así que se mantienen ocupadas trabajando en el nido. Tienen una reina y obreras, como todas las demás abejas."

"Ah, sí, sé de reinas y obreras, porque tenemos una colmena de abejas. Mi papá las quería. Dijo que se necesitan abejas para tener árboles frutales y un buen jardín. —Pero dijiste que solo estarían allí unos meses. Nuestras abejas están ahí todo el tiempo, dijo mi papá. Sí, y lo curioso es que las abejas son las únicas que permanecen en la colmena todo el invierno. Con el avispón, la reina es la única que sobrevive al invierno. A la primera señal de heladas o de la llegada del invierno, abandona la colmena e hiberna en un tronco muerto o en algún otro tipo de madera podrida."

"Bueno", dijo Nancy, "no creo que sea una buena reina. Pensé que una gobernante debía cuidar de su gente. ¿No morirían todos sin ella?"

"Sí, el resto de la colmena morirá. Al parecer, no saben que se ha ido, ni creen que va a volver, porque siguen trabajando. ¿Sabes que una abeja se mata trabajando hasta morir? Pero poco a poco, sin ella para poner más huevos que reemplacen a las obreras moribundas, la colonia simplemente se reduce. Siguen trabajando hasta el final, pero finalmente el frío mata al resto. Parece cruel, pero hay muchas cosas en la naturaleza que parecen crueles. No entiendo las razones de todo, pero sé que tiene que haber una. El Espíritu Omnipresente es probablemente el único que lo sabe realmente, porque Él los creó."

"Sabes", dijo Nancy pensativa, "cuando lo miras de verdad, es hermoso. Me habría muerto de miedo de acercarme tanto a uno antes, porque pensé que me harían daño. Eso es lo que siempre me han enseñado. Pero es realmente asombroso que esos pequeños insectos puedan crear algo tan complejo. Quizás tengas razón, debe haber muchas otras cosas a nuestro alrededor todos los días esperando que alguien las note y diga: ¡Caramba, eres hermosa! Pero la mayoría del tiempo estamos demasiado

UNA AMISTAD MUY ESPECIAL

ocupados para mirarlas. Supongo que es como dijiste: miramos, pero no vemos realmente. —Creo que me gustaría tener ese nido para colgar en mi habitación. Sin las avispas, claro. No creo que entiendan lo que es vivir en una casa. Y no querría llevármelo hasta que lo dejaran y ya no lo necesitaran."

"Bueno", dijo Sandy, "si decides quedártelo, no esperes demasiado. Tarde o temprano, los pájaros lo destrozarán para comerse los avispones muertos. Si te fijas, no se encuentran estos nidos muy a menudo. Por eso. Los pájaros tienen hambre en invierno y saben que hay comida ahí".

"Creo que si les cuento a mis padres todo lo que me contaste, también les interesará. Quizás decidan no destruirlo y me lo dejen. Eso espero. Pero ¿cómo podemos saber cuándo es seguro derribarlo?"

"Si te fijas, verás que los avispones no estarán tan activos. Eso significa que cada vez mueren más. Probablemente estará a salvo cuando los días sean más fríos. Te diré cuándo. Pero una forma de sacarlo sería ponerle una bolsa encima y cortarle la rama. Si queda alguno vivo, probablemente estará demasiado débil y frío como para hacerte daño. Asegúrate de cerrar bien la parte superior de la bolsa. Un lugar seguro para colgarlo sería en el cobertizo de allá. Haría frío este invierno. Si lo metes en casa demasiado pronto, algunos podrían despertarse y probablemente estarían confundidos y enojados. Si lo cuelgas en el cobertizo hasta la próxima primavera, debería ser seguro llevarlo dentro de casa."

"Sería una buena idea" —dijo—. "Podría ser divertido verlo crecer, ahora que sé que no me hará daño. Me pregunto cuánto crecerá antes de que se cansen las avispas. —Me gustaría tenerlo en casa. Así estaría ahí para recordarme lo que dijiste, sobre que

UNA AMISTAD MUY ESPECIAL

a veces hay que mirar las cosas con mucha atención para apreciar su belleza."

Capítulo 4
La Serpiente

UNA AMISTAD MUY ESPECIAL

UNA AMISTAD MUY ESPECIAL

Sandy y Nancy estaban ocupadas buscando huevos. Era difícil mantener a todas las gallinas dentro del corral. Siempre había algunas que querían ser diferentes, o quizás simplemente les gustaba complicarles las cosas a la gente. Sea cual sea la razón, salían, escondían sus nidos y ponían sus huevos en los lugares más insólitos. Quizás solo querían criar una camada de crías, y la única manera de hacerlo era esconder los huevos para que la gente no se los llevara. A Nancy le pareció divertido buscarlos, como una búsqueda de huevos de Pascua. Ya había encontrado algunos y sabía que su madre estaría contenta. Por supuesto, Sandy fue de gran ayuda. Era tan pequeño que podía meterse debajo y detrás de las cosas con mucha más facilidad que un humano.

Estaban moviendo ramas en un montón de maleza vieja cuando de repente se oyó un crujido abajo. Mientras Nancy apartaba las ramas con cuidado, se sorprendió al ver una serpiente enroscada para atacar. Gritó. Como Sandy estaba más cerca, emitió un fuerte silbido y lo atacó. Soltó un grito de sorpresa y retrocedió unos metros. —"¡Vaya, me asustó! ¡No lo vi!"

Nancy también retrocedió. —"¡Te asustó! No pensé que tuvieras miedo de nada."

"¡Nunca dije eso! Entiendo a las criaturas del bosque y les tengo mucho respeto. Pero hay algunas con las que incluso yo tengo que tener cuidado. Las serpientes son una de ellas. Es muy difícil hablar con ellas, y ya sabes que no ven muy bien. Así que atacan cualquier cosa y luego se preocupan. No creo que tengan muchos amigos con esa actitud."

Nancy buscaba un palo. "¿Qué hacemos ahora? ¿Voy a buscar a mis padres? Podrían matarla con una arpón o algo así".

"No tienes que matarla. Conozco a esta especie y no te harán daño". Mientras decía eso, la serpiente volvió a atacar, moviendo la cabeza de un lado a otro y siseando fuerte. Su lengua entraba y salía rápidamente. Sandy se puso las manos en las caderas: "¡Ya basta!".

Nancy abrió mucho los ojos. "¿Cómo que no te hará daño? ¿Qué crees que intenta hacer?". —"Oh, solo está fanfarroneando. Está fingiendo ser algo que no es."

"¿Pero no son todas las serpientes malas? Cuando llegamos aquí, mamá nos hacía usar esas botas viejas y pesadas cada vez que salíamos. Estaba segura de que había una serpiente debajo de cada piedra. No vimos muchas, pero de todas formas las mataron a todas para estar seguros. Últimamente no hemos visto ninguna, así que ya no tenemos que usar esas botas."

"Bueno", asintió Sandy, "algunas serpientes pueden hacerte daño. Lo sé porque yo también tengo que cuidarme de ellas. Algunas son muy susceptibles y nada amigables. Pero no todas son malas. Algunas incluso ayudan a la gente matando ratas y ratones. Generalmente, una serpiente solo quiere que la dejen en paz. Ahora bien, esta se comporta de forma tan extraña porque no es venenosa y no tiene otra forma de defenderse. Así que cree que puede fingir y asustar a la gente para que la dejen en paz. Tiene un dibujo en el cuerpo y mucha gente piensa que eso significa que es venenosa, pero mírale los ojos".

"¡Mírale los ojos! ¡No me voy a acercar tanto!"

"Lo que quiero decir es", continuó Sandy, "sus ojos se parecen a los tuyos y a los míos, con la pupila redonda. Una serpiente venenosa tiene ojos como los de tu gato, con la pupila rasgada. Pero déjame mostrarte qué más puede hacer este tipo".

Bailó frente a la serpiente y empezó a burlarse de ella. El cuerpo de la serpiente empezó a balancearse, la lengua negra entraba y salía con audacia, y volvió a atacar. Pero lo curioso fue que no pareció abrir la boca cuando atacó a la pequeña figura danzante. "Oh, solo eres un viejo fanfarrón, eso es lo que eres", se burló Sandy. "No me das miedo. Te he descubierto. —Ahora, Nancy, mira lo que hace con la cabeza".

Mientras miraba, la serpiente empezó a inflar los lados del cuello y la cabeza, aplanándolos. "Vaya, se parece a las fotos que he visto de cobras. Pero las cobras no viven aquí en Arkansas".

¿Sabes cómo te ves? ¡Mira, yo también puedo! Sandy resopló y se hinchó las mejillas hasta que se le pusieron rojas. "Así te ves, y no me asustas". Se detuvo y contuvo el aliento. "Verás, su única defensa es imitar a las demás serpientes y hacer que todos le tengan miedo".

Mientras Nancy observaba, la serpiente cayó repentinamente al suelo, rodó boca arriba y quedó como muerta, con la lengua fuera. "¿Qué pasó? ¿Se desmayó? ¿Pero cómo puede desmayarse una serpiente? ¿Crees que estaba tan asustada que simplemente se desmayó? ¿O está muerta?"

"No, no se desmayó. Solo está fingiendo. Es solo una cosa más que puede sacar de su repertorio. Lo guarda para el final si no puede asustarte. Te hace creer que está muerto. Supongo que cree que no lo molestarás si está muerto."

Se inclinó para observar la serpiente más de cerca. "¿Estás segura? No se mueve. A mí me parece muerta."

"Bueno, te lo demostraré. Toma un palo y ponlo boca abajo." Observó cómo Nancy le daba la vuelta a la serpiente con cuidado. Entonces hizo algo extraño. Volvió a caer boca arriba con la lengua fuera. Los ojos de Nancy estaban abiertos de par en par por la sorpresa.

"Tienes razón. Es un viejo farsante." Se rió.

"Incluso puedes levantarlo con un palo y llevarlo así, y seguirá fingiendo estar muerto." "Entonces, cuando te tiene bien engañado y te vas, ¿sabes lo que hace?" —Nancy negó con la cabeza—. "Bueno, entonces se escapará tan rápido que no podrás creerlo. Sí, supongo que actúa raro, pero a veces es la única manera de salvarle la vida. Simplemente asusta a la gente y la confunde, y lo dejarán en paz. No puede evitarlo porque así es como lo hicieron. ¿Pero acaso no hay gente así también?"

"Ya entiendo. Sí, he visto gente así. A veces los niños en la escuela también actúan así. Supongo que tienen miedo de que no les gusten como realmente son, así que fingen ser algo que no son. Fingen, inventan cosas sobre sí mismos e incluso mienten para impresionar a la gente. Pero he notado que la mayoría de las veces los profesores no se dejan engañar. Muchas veces los otros niños llegan a un punto en que tampoco les caen bien. Supongo que realmente no engañan a nadie por mucho tiempo. ¿Por qué crees que hacen eso, Sandy?"

"Supongo que es como dijiste, tienen miedo de que no les gusten como realmente son. Tienen que parecer diferentes y emocionantes. No han aprendido sobre el verdadero "tú". La parte real de cada persona que es tan hermosa y maravillosa. Esa parte de una persona es diferente a la de cualquier otra. No hay dos iguales, supongo que no han aprendido a dejar que esa parte se manifieste. Si lo hicieran, descubrirían que a la gente le gustarían tal como son, sin todas esas cosas inventadas, esos trucos. Como esa serpiente, al final solo engañan a sí mismos. Esa gente debe estar muy sola. Supongo que hay que compadecerse de ellos. Cuando la gente empieza a decir mentiras, debe ser muy complicado. ¿Cómo recuerdan a quién le dijeron qué mentira? Creo que si te limitas a decir la verdad, es mucho más fácil. Al menos no tienes que recordar todo lo que dices."

Nancy parecía absorta en sus pensamientos. "Supongo que por eso no he podido hablarle a nadie de ti todavía, Sandy. Me temo que no me creerán. Probablemente pensarían que miento o que intento llamar la atención. Sé que no has venido mucho cuando mis padres están aquí". Pero hay veces, como cuando picoteas mi ventana, que creo que seguro te notarían. Es muy extraño.

"No, Nancy." Frunció el ceño. "Probablemente no me vean porque no me necesitan. Están todos muy ocupados y se tienen los unos a los otros, así que no necesitan verme. Pero tienes razón, no creo que debas hablarles de mí. Podrían burlarse de ti, y me dolería verlo. A veces me preocupo un poco y me da miedo."

"¿Tú?", jadeó incrédula. "¿De qué puedes tener miedo?"

"Bueno, me he acostumbrado tanto a hablar contigo ahora, que no quiero que vuelva a ser como antes, solo yo y los animales y pájaros. Disfruto tanto estar contigo que temo sentirme solo. Tengo tanto miedo de que un día ya no me necesites y no me veas ni me oigas llamarte. Cuando lo pienso, me pone muy triste. Bajó la cabeza y Nancy creyó ver una lágrima en su ojo."

"Oh, no tienes que preocuparte por eso. Te encontré y siempre te necesitaré. Siempre serás mi amigo especial".

"Eso espero. Pero todavía tengo esta sensación".

Nancy miró hacia abajo, donde la serpiente había estado tumbada boca arriba. La serpiente se había ido. Se había ido tan rápido y en silencio que nadie lo había oído. Ella rió: "¡Vaya, ese viejo farsante!"

UNA AMISTAD MUY ESPECIAL

*Si desea leer más sobre esta especie diferente de serpiente, se la conoce como serpiente de nariz de cerdo. También se le llama víbora de cabeza abierta o víbora bufadora.

Capítulo 5
Sandy Se Mete En Un Problema

UNA AMISTAD MUY ESPECIAL

Se acercaba el otoño, las hojas empezaban a cambiar de color. Algunos árboles parecían estar en llamas con sus hermosos rojos y amarillos. El viento refrescaba por la noche, y Nancy se preocupaba por Sandy, que correteaba por el bosque. Le parecía muy inteligente cómo había confeccionado ropa con todo lo que encontraba. Había entretejido pelos de ardillas y conejos para hacer una bonita chaqueta de piel. Usaba plumas, agujas de pino, hierba, hojas secas. Tenía una imaginación increíble. Cuando llovía, una hoja grande servía como un paraguas, y una piel de serpiente desechada era perfecta como impermeable. Pero incluso con todo el trabajo que Sandy dedicaba a hacer estas cosas, no duraban mucho. Se rompían o se deshacían, y tenía que hacerlo todo de nuevo. Así que Nancy decidió intentar confeccionar ropa para su amiguito. Nunca había intentado algo así, así que no estaba segura de cómo quedaría.

No fue difícil conseguir tela. Su madre le había dado algunos retales. Pensó que Nancy estaba ocupada haciendo ropa para muñecas. No se imaginaba qué más cabría en ropa tan pequeña. Se alegró de ver a Nancy ocupada e interesada en algo. Había sido triste ver a Nancy sentada con aspecto tan infeliz. No tenía manera de saber de la pequeñita amistad que tanto había marcado la vida de su hija. Nancy no le había contado a nadie sobre Sandy. No quería que nadie se riera de ella. Sandy era demasiado especial para eso.

A Nancy le alegraba que Sandy pareciera tan orgulloso de la ropa nueva. Podía verlo por la ventana mientras se pavoneaba de un lado a otro, admirándose en el cristal.

Apenas se había apartado de la ventana cuando oyó un grito agudo: "¡Nancy, Nancy, ayúdame!".

UNA AMISTAD MUY ESPECIAL

Corriendo de vuelta a la ventana, vio a Rufus, el gran gato amarillo que desaparecía por la esquina de la casa.

Asustada, Nancy salió corriendo por la puerta principal, justo a tiempo de ver a Sandy, gritando a todo pulmón, pasar a toda velocidad, a pocos centímetros del gran felino. Salió corriendo justo detrás de ellos, gritando: "¡Rufus, Rufus, para ya! ¡Para ya! ¡Vas a lastimar a Sandy!". Rufus no le hizo caso y ni siquiera aminoró la marcha. La tercera vez que dio la vuelta a la casa, Nancy finalmente los alcanzó, agarró a Rufus por el pelo de la nuca y lo levantó del suelo. Lo zarandeó. "Rufus, ¿qué crees que estás haciendo? ¡Sandy no es un ratón! ¿Quién ha oído hablar de un ratón de cabeza roja?"

UNA AMISTAD MUY ESPECIAL

Sandy se desplomó contra la pared, resoplando y jadeando. Rufus seguía observándolo atentamente y su cola se sacudía de un lado a otro. "No es la primera vez que intenta atraparme. Pero las otras veces siempre digo que viene. Esta vez no." Se acercó demasiado rápido por detrás. "Mira cómo se lame los labios. Creo que se ha creído que debo saber bien. Pero yo no lo haría. ¡Soy demasiado fuerte! — ¡Ay, mira, Nancy! Me rompió los pantalones nuevos con las garras. ¡Hay un agujero enorme!"

Nancy bajó a Rufus y lo regañó. «Rufus, no quiero volver a verte hacer eso. Deja a Sandy en paz o me enfadaré mucho contigo».

Rufus sacudió la cola y se alejó. Se echó al sol, pero siguió mirando a Sandy con los ojos entornados. Era difícil saber si le haría caso a Nancy o no.

«Vamos, Sandy. Súbete a mi regazo. Todavía tengo mi aguja e hilo. Deja que te arregle los pantalones». Sandy se subió y se tumbó sobre sus rodillas y comenzó a coser el agujero en el asiento de sus pantalones.—"No te preocupes, tendré cuidado y no te pincharé con la aguja. —Sigues diciendo que puedes hablar con los animales. Bueno, ¿por qué no hablas con Rufus y le explicas que no eres un ratón y que no puede comerte?"

Sandy dejó escapar un gran suspiro. —"¿Hablar con Rufus? Claro, me gustaría. Pero el problema es que Rufus no se queda quieto lo suficiente. Cada vez que me ve, ahí va otra vez. No puedes hablar con alguien si estás ocupado corriendo para salvar tu vida. Tengo más problemas con él que nunca en el bosque. Empiezo a preguntarme si me escuchará de todas formas. Parece que lo único que quiere es perseguirme. Es muy deprimente."

Nancy terminó de coser. "Sé lo que quieres decir. Los gatos son así de graciosos. Parece que no importa lo que quieras. Tienen mente propia y hacen lo que quieren de todas formas. Si

no consigues que te escuche, tendrás que apartarte de su camino.
—Ven, métete en mi bolsillo y subamos al jardín. Papá está arando. Vamos a ver. Quizás eso te haga olvidar al gato viejo."

Con la llegada del otoño, casi todo el jardín había desaparecido. O se lo habían comido, o lo habían enlatado o congelado para el invierno. Así que ahora el padre de Nancy estaba arando una parte para que estuviera listo para plantar el año siguiente. Lo observaban mientras subía y bajaba por las hileras. Algunas de las gallinas que no se quedaban en el corral corrían por el jardín, picoteando y escarbando la tierra, encantadas con los bichos y gusanos que desenterraban.

Sandy salió del bolsillo de Nancy y bajó de un salto. "No creo que haya nada que huela tan bien como la tierra fresca." Salió corriendo al jardín mientras Nancy le advertía que tuviera cuidado. Habló con las gallinas, corrió y saltó las hileras, y se cayó en la tierra blanda. Saltaba de la risa y volvía a correr. Se lo estaba pasando tan bien que no vio el tractor girar y acercarse a él. Nancy le gritó, pero el tractor hacía tanto ruido que se le perdió la voz.

Sandy se giró y cayó justo cuando el tractor se acercaba. Nancy observó impotente cómo el tractor pasaba por encima de él. Las gallinas corrían en todas direcciones, pero él no era lo suficientemente rápido. Un minuto veía su cabecita roja y al siguiente... ¡nada! Su padre seguía adelante. El tractor hacía demasiado ruido como para que oyera nada.

Asustada, Nancy corrió hacia la tierra blanda, tropezando y cayendo, hasta llegar al lugar donde vio desaparecer a Sandy por última vez. Lo llamó una y otra vez, y comenzó a cavar frenéticamente.

Entonces, tan repentinamente como había desaparecido, vio una cabecita roja emerger de la tierra, con una criaturita peluda empujándola por detrás. Con un suspiro de alivio, recogió a Sandy y comenzó a cepillarlo. Salió corriendo del jardín cuando

el tractor volvió a dar la vuelta. "Me asustaste mucho. No te veía por ningún lado. ¡Desapareciste!"
Respiró hondo. "No eras el único que tenía miedo. No sabía cómo iba a salir de ahí. Solo veía esas ruedas enormes que venían hacia mí. Pero caí en un agujero de topo. Fue él quien me empujó. Está muy enfadado. Dijo que todos sus túneles de ahí abajo se están derrumbando. Dijo que no tenía tiempo para jugar conmigo. —Pero mira la ropa nueva que me hiciste. Primero la rompo y ahora está toda sucia."

Nancy lo sentó en lo alto de un poste de la cerca junto al pasto. —"No te preocupes por eso, Sandy. Te haré más si es necesario. Me alegro de que estés bien. Ahora, siéntate aquí y trata de no meterte en líos."

Tony, el caballo, vio a Nancy y corrió hacia la cerca. Asomó la cabeza por encima del alambre y la empujó suavemente. «Tony siempre quiere que lo acaricie cuando vengo. Le gusta que le rasquen las orejas. ¿Te has fijado alguna vez en que tienen el hocico tan suave? Parece terciopelo. Siempre piensa que yo también podría darle algo de comer. —No tienes que tenerle miedo, Sandy».

«Oh, no le tengo miedo. Podría hablar con él. No es como ese tonto de Rufus, pero la verdad es que prefiero los animales más pequeños a los que estoy acostumbrado en el bosque. Los caballos y las vacas son tan grandes que les cuesta verme. Prefiero no molestarlos». Sandy seguía sacándose la tierra del pelo.

Cuando Tony, el caballo, vio que Nancy no tenía nada que comer, decidió irse. Al darse la vuelta para irse, chocó contra el poste de la cerca y Sandy se cayó de espaldas. Con un grito, aterrizó sobre el lomo del caballo. Al no encontrar adónde agarrarse, se deslizó y agarró la cola. Así que Tony se alejó

UNA AMISTAD MUY ESPECIAL

caminando por el campo, balanceando la cola de un lado a otro, con Sandy aferrándose a ella con todas sus fuerzas, y gritando por Nancy.

"¡Ay, Sandy, otra vez no!", gritó Nancy mientras trepaba por la alambrada y corría tras el caballo. Tony no había ido muy lejos cuando las manos de Sandy comenzaron a deslizarse por la cola. Finalmente, no pudo aguantar más y cayó al suelo. Se quedó allí tendido de espaldas mientras Nancy corría hacia él. Cuando vio que no estaba herido, le dijo: "Sandy, no sé qué te pasa. Parece que hoy no puedes evitar meterte en líos".

Sandy suspiró: «Lo sé. Parece que hay días así. Creo que me rendiré por hoy. Ahí arriba está mi amigo, el pájaro carpintero. Voy a ver si me lleva de vuelta al hueco del árbol. Me duele todo el cuerpo. Quizás si vuelvo a la cama, las cosas mejoren mañana».

Sandy saludó al pájaro mientras volaba en círculos. Cuando aterrizó cerca, se arrastró y se subió a su lomo. Apoyó la cabecita con cansancio sobre sus suaves plumas y se despidió de Nancy.

Ella lo observó hasta que el pájaro voló hacia el bosque y desapareció de la vista. Luego regresó a la casa. Al pasar por el jardín, su padre seguía arando como si nada hubiera pasado.

UNA AMISTAD MUY ESPECIAL

Capítulo 6
Los Patos y La Tortuga

UNA AMISTAD MUY ESPECIAL

Nancy saltaba alegremente con un cubo en una mano y una caña de pescar en la otra, cuando oyó una vocecita aguda que la llamaba. "Oye, Nancy, ¿adónde vas? ¿Puedo ir contigo?".

Se detuvo y miró a su alrededor, y entonces vio el pelo rojo entre las hojas de un árbol cercano. Allí estaba Sandy sentada en una rama baja. "Ah, ahí estás, Sandy. Claro, puedes venir conmigo si quieres. Voy al estanque. Mi hermano, Tommy, ha estado intentando enseñarme a pescar. No se me da muy bien, así que voy a practicar. Es mucho más difícil de lo que parece".

Sandy se bajó y corrió a su lado. "¿Para qué vas a pescar?".

"Pues, son ricos para comer. Claro, mi mamá tiene que cocinar. ¿No lo sabías?".

"Bueno, no he tenido mucho que ver con los peces. Es muy difícil hablar con ellos ahí abajo en el agua. Pero sí sé que son diferentes a nosotros y que morirán si los sacas del agua. Me alegra que intentes atraparlos para comer, y no solo por diversión. El Espíritu Todopoderoso puso muchas criaturas aquí para que se usaran como alimento, pero creo que está mal matar algo solo por diversión. Los animales merecen vivir tanto como nosotros. Que no sean tan inteligentes no debería importar".

Nancy se sentó en un lugar sombreado junto al estanque y preparó su caña. "He estado sacando lombrices toda la mañana tal como me enseñó Tommy. Esa es la única parte que no me gusta. Pero se me está volviendo bastante buena." "Ahora, si tan solo pudiera hacer que el gusano dejara de moverse lo suficiente para que mordiera el anzuelo".

Sandy se paró en una roca y miró hacia el estanque. Había varios patos nadando tranquilamente cerca. Las ranas estaban sentadas en la orilla, y de vez en cuando una saltaba con un ruidoso chapoteo y se sentaba en el agua, solo con los ojos y la coronilla asomando. El agua se ondulaba aquí y allá mientras los

UNA AMISTAD MUY ESPECIAL

peces subían a la superficie para atrapar algún insecto desprevenido.

Sandy estaba de pie con las manos en las caderas cuando, de repente, algo se enganchó en su chaqueta y cayó al suelo. Y salió volando por los aires. "¡Oye, qué pasa! ¡Nancy, ayúdame! ¡Ayúdaaaa!", gritó. Voló alto en el aire y bajó aún más rápido, cayendo con un gran chapoteo justo en medio del estanque.

"¡Ay, Sandy, lo siento! Debí haberte pillado con el anzuelo. Supongo que todavía no se me da muy bien esto. ¿Sandy?

UNA AMISTAD MUY ESPECIAL

¿Sandy? ¿Dónde estás?" —Solo había ondas donde había desaparecido bajo el agua. Entonces, con un gran chapoteo, reapareció de repente una mata de pelo rojo. Sandy gritó, agitando los brazos como loco en el aire, y volvió a desaparecer bajo la superficie. —"Ay, Sandy, ¿no sabes nadar?" —Nancy se estaba preocupando mucho. Estaba demasiado lejos para que ella pudiera alcanzarlo.

La cabeza volvió a asomar fuera del agua y empezó a golpearla con fuerza. "¡Nunca antes lo había hecho!", fue todo lo que logró decir mientras se hundía de nuevo.

Los patos se habían acercado para ver qué pasaba y graznaban ruidosamente entre ellos. Esta vez, cuando la pequeña figura exhausta salió a la superficie, el pato más grande agarró la ropa de Sandy con el pico. Sacó a la personita empapada del agua y la depositó sobre el lomo de uno de los patos. Ella nadó hasta la orilla y, mientras caminaba hacia la orilla, él rodó por su espalda y aterrizó en la hierba. Todos los patos formaron un círculo alrededor de la figura silenciosa y mojada y empezaron a armar un alboroto espantoso. Nancy se abrió paso entre el círculo y sacó el anzuelo de su chaqueta. Con lágrimas en los ojos, recogió el cuerpo inerte y empezó a limpiarle el agua de la cara y el pelo. Nadó hasta la orilla y, mientras caminaba hacia la orilla, él se desprendió de su lomo y aterrizó en la hierba. Todos los patos formaron un círculo alrededor de la figura silenciosa y mojada y empezaron a armar un alboroto espantoso. Nancy se abrió paso hasta el círculo y sacó el anzuelo de su chaqueta. Con lágrimas en los ojos, recogió el cuerpo inerte y empezó a limpiarle el agua de la cara y el pelo.

UNA AMISTAD MUY ESPECIAL

"Lo siento, Sandy, no era mi intención. Creo que necesito mucha más práctica. ¿Estás bien?"

Sus párpados se agitaron y exhaló un profundo suspiro. "Vaya, estaba muy preocupado esa vez. Creo que he tenido suficiente agua para un buen tiempo. Espero que algo así no vuelva a ocurrir. Pero, por si acaso, quizá debería aprender a nadar. Nunca antes había tenido motivos para aprender".

Se incorporó y empezó a escurrirse el agua del pelo y la ropa. Miró a todos los patos que lo rodeaban. "¡Vaya! ¿Vieron lo que hizo ese pato enorme? ¡Qué rápido reaccionó! Les quiero dar las gracias a todos, chicos. Si alguna vez puedo ayudarlos en algo, lo intentaré. Pero supongo que no tendrán muchos problemas viviendo aquí en este bonito estanque. Se ve muy tranquilo".

Todos los patos empezaron a graznar a la vez y a armar un alboroto. "¿Qué dicen, Sandy? Parecen muy emocionados por algo", preguntó Nancy.

Sandy pareció sorprendida. "Dicen que no sé de qué hablo si creo que no tienen problemas. Supongo que todos los tenemos. Solo que son de distintos tipos. Dicen que aquí no hay paz, para nada. No sé de qué hablan, pero quieren enseñármelo". Se levantó, se sacudió un poco más de agua del pelo y se escurrió los pantalones. Luego siguió a los patos hasta la orilla del estanque, con Nancy siguiéndolo de cerca.

Uno de los patos se metió y nadó hasta un lugar que parecían haber evitado antes. Mientras lo observaban, se movió lentamente en círculo. De repente, emitió un fuerte graznido y algo que nadie podía ver la arrastró hacia el agua. Con mucho aleteo, logró liberarse y nadó rápidamente de vuelta con los demás. Entonces vieron una cabeza oscura asomar del agua y mirarlos fijamente. Los patos volvieron a graznar como locos.

"Así que eso es, Nancy. Hay una tortuga mordedora ahí dentro. Es muy mala y peligrosa. Todos le tienen miedo. Agarra a los patitos y los arrastra bajo el agua. Y les muerde las patas a los patos. Un pato es muy indefenso y no tiene otra forma de protegerse que volar. Pero con esta tortuga es difícil escapar porque no la ven ahí abajo. Quieren saber si puedo ayudarlos de alguna manera. Me encantaría, sobre todo porque su rapidez mental podría haberme salvado la vida. Pero querría ayudarlos de todos modos, porque este tipo de cosas son muy injustas".

Sandy se quedó pensativo durante varios segundos, luego caminó hacia la orilla del estanque. Llamó a la tortuga, cuya cabeza oscura aún estaba fuera del agua. "¡Oye, tú, gran matón! ¡Ven aquí! ¡Quiero hablar contigo! ¡Sí, tú! ¡Eso es todo lo que eres, un gran matón!" La tortuga miró a Sandy con enojo y luego

UNA AMISTAD MUY ESPECIAL

avanzó lentamente hacia la orilla. Mientras se arrastraba hacia la tierra, los patos retrocedieron rápidamente. Sandy le dijo a la criatura: "¿Por qué les haces esto a los patos? Te estás comportando como un matón. Son tus vecinos. Pueden vivir todos juntos en este estanque. Hay mucho espacio y mucha comida para todos. ¿Por qué no intentan llevarse bien?". La única respuesta de la tortuga fue un rápido gruñido hacia Sandy.

Sandy saltó tan de repente que se cayó de espaldas. Se quedó allí sentado, enojado, observando cómo la tortuga se daba la vuelta y se arrastraba de vuelta al agua.

Nancy corrió y recogió a Sandy. "¿Qué te dijo?"

"¡Qué descaro! ¡Dijo que me callara y lo dejara en paz, o me comería de cena! Bueno, esto va a ser un poco más difícil de lo que pensaba". Se acercó de nuevo a los patos. "Les digo, chicos, van a tener que intentar algo diferente. Se está metiendo con ustedes porque no se defienden". Se miraron desconcertados y empezaron a graznar de nuevo. Ya lo sé, ya lo sé, no tienes forma de defenderte. Pero eso es lo que suele hacer un abusón. Se mete con alguien más débil que él. Supongo que le hace sentir superior. Uno solo de ustedes no podría hacer nada, pero ¿y si se organizaran todos? Sería terriblemente difícil para él luchar contra todos a la vez, ¿verdad? Ya lo sé, siempre es difícil para las criaturas pacíficas pensar en hacer algo así. Pero a veces es la única manera. No te gusta cómo tienes que vivir ahora, ¿verdad? ¿Te gusta tener miedo todo el tiempo? Bueno, entonces hagamos algo al respecto. Demostrémosle a ese viejo abusón. Ahora, tengo un plan que podría funcionar." Los patos rodearon a Sandy mientras él susurraba. Nancy no podía oír lo que pasaba. Después de un rato, se detuvo y todos caminaron hacia la orilla del estanque.

La tortuga ahora flotaba sobre el agua. "Mírala. Está muy seguro de sí mismo. Ni siquiera se molesta en esconderse. No cree que podamos hacer nada. Bien, hagamos lo que te dije. Tú, el pato más grande, tu trabajo es agarrarlo y subirlo hasta la orilla. Las tortugas son más lentas e indefensas en tierra." El pato se metió en el agua, pero dudó y miró inquisitivamente a Sandy. "Lo sé, tienes miedo de que te muerda. Pero haz lo que te dije. Agárralo por la cola. Es más difícil para él girar el cuerpo y alcanzarte de esa manera".

El pato debió pensar: "Oh, bueno, de todas formas suena fácil". La tortuga flotaba perezosamente en el agua y ni siquiera se molestó en mirarlo. ¿De qué tenía que preocuparse? Era el rey del estanque. Podía hacer lo que quisiera. Todos le tenían miedo.

UNA AMISTAD MUY ESPECIAL

Cuando el pato le agarró la cola, la tortuga saltó de repente. "¿Cómo se atreven? ¿Qué creían que estaban haciendo? Bueno, más les vale que no lo enfaden. ¡Podía ser muy cruel cuando se enfadaba!". La tortuga se retorcía y giraba intentando morder al pato, pero no podía alcanzarlo. El pato se aferró obstinadamente mientras tiraba de él y lo arrastraba por el agua hasta la orilla. Luego lo soltó. La tortuga estaba muy enfadada, y mientras los patos y Sandy formaban un círculo a su alrededor, arremetió con furia y mordió en todas direcciones. Pero esta vez nadie huyó. Simplemente se quedaron allí, rodeándolo.

Sandy se rió: "Dice que mejor lo dejemos en paz o alguien va a salir lastimado. Ahora intenta pasarnos y volver al agua. Bueno, no lo dejen, amigos. Manténganlo aquí". Sandy intentó hablar con la tortuga y convencerla de vivir en paz con los patos. La única respuesta de la tortuga fue enfadarse más y gruñir con más furia.

"Bueno, simplemente no entiende de razones. Haz lo que te dije". Mientras Sandy observaba, dos patos salieron de detrás de la tortuga, donde no podían ser mordidos. Metieron sus picos bajo su caparazón y con un movimiento rápido la voltearon boca arriba. Los patos lanzaron un grito de triunfo. La tortuga pateó y saltó, pero no pudo darse la vuelta.

Sandy se agachó y le habló. "Bueno, ¿qué te parece sentirte indefenso? No es muy divertido, ¿verdad? ¿Sabes lo que te pasará si te dejamos aquí afuera, bajo el sol abrasador? No durarás mucho. Las tortugas necesitan agua".

La tortuga empezó a parecer preocupada y pateaba más fuerte que nunca. Finalmente se detuvo, sin aliento. "Sí, será aún más difícil para ti si te agotas. ¿Qué dices? ¿Quieres intentar vivir en paz en el estanque o prefieres quedarte aquí afuera así?

Tú decides. Te lo dije, hay mucha comida y mucho espacio para todos en este estanque, y deberían poder llevarse bien".

Para entonces, la tortuga se estaba asustando. No le gustaba cómo el sol calentaba su caparazón. Uno de los mayores miedos de una tortuga es que la volteen boca arriba. Así que, a regañadientes, finalmente aceptó que estaría dispuesto a intentarlo.

Al oír esto, los patos lo voltearon de nuevo para ponerlo de pie. Todavía parecía muy enfadado, pero estaba asustado y quería volver al agua segura lo antes posible. Sandy le gritó mientras se alejaba arrastrándose: «Recuerden, si piensan vengarse y volver a lastimar a los patos, ya saben qué hacer. Pueden agarrarlos cuando no estén mirando y terminarán de espaldas. La próxima vez puede que no los suelten».

Les habló a los patos: «Volveré en unos días para ver si todo está bien. Pero creo que han aprendido que pueden trabajar juntos y puede que ya no los moleste».

Mientras Nancy y Sandy se alejaban, los patos parecían reírse. «Será mejor que me vaya a casa a secarme», dijo Sandy. «Y saben, Nancy, creo que ya no quiero ir a pescar con ustedes». Tenía un brillo especial en los ojos al decir eso.

Capítulo 7
El Invierno Gélido

UNA AMISTAD MUY ESPECIAL

Nancy estaba mucho más feliz ahora. La escuela había resultado ser un lugar bastante agradable, dentro de lo que una escuela puede ser. Había muchas cosas que hacer. Le gustaban los otros niños y los profesores. Pero sobre todo, había encontrado una nueva amiga, Diane. Era maravilloso encontrar a alguien con quien volver a hablar y compartir cosas, igual que Jeanne.

Había llegado el invierno, y con él la nieve y el viento frío. No había visto a Sandy últimamente, y empezaba a pensar que tal vez estaba hibernando. Tal vez estaba durmiendo durante el frío como hacen algunos animales en el bosque. Durante la noche hubo una tormenta de hielo, lo que significaba que habría unas cortas vacaciones escolares. Los autobuses escolares no pudieron subir a las montañas cuando llegaron las fuertes nevadas y el hielo.

Cuando Nancy despertó, corrió a la ventana y vio lo que parecía un país de las maravillas. Una capa de hielo lo cubría todo. Era lo más hermoso que había visto en su vida. Las ramas de los árboles e incluso la brizna de hierba más pequeña parecían de cristal. El sol naciente brillaba sobre el hielo, haciéndolo brillar con mil colores diferentes, como si hubiera un millón de diamantes y joyas esparcidas por todas partes. Pensó que esto era seguramente lo que Sandy quería decir con mirar algo con atención y apreciar su belleza y magia.

UNA AMISTAD MUY ESPECIAL

Entonces Nancy se rió. Las gallinas y los patos intentaban caminar sobre el hielo, y lo único que podían hacer era deslizarse. Un pato decidió que sería más fácil volar, pero al intentar aterrizar, no dejaba de deslizarse. Incluso Rufus, el gran gato amarillo, tenía problemas. Se le doblaban las patas constantemente. Era muy gracioso. Empezó a ir a desayunar cuando vio un destello rojo con el rabillo del ojo. Al darse la vuelta, vio a Sandy deslizarse hasta la ventana. Él la saludó con la mano y ella abrió la ventana. Mientras el aire frío entraba a raudales, dijo: "¿Qué te pasa, Sandy? Pensé que estabas durmiendo como los animales. Pareces tener frío, por cómo tiemblas".

"No, no hiberno, pero cuando hace frío paso mucho tiempo intentando calentarme. Pero ahora mismo tengo un problema.

UNA AMISTAD MUY ESPECIAL

Mi árbol hueco está lo suficientemente caliente, pero ahora no puedo volver a subir. Esta mañana me resbalé y caí del árbol. Cuando intenté subir, había hielo por todos los escalones. No sé qué voy a hacer. Salí a buscar comida. Las ardillas y los conejos siempre comparten lo que tienen conmigo. Siempre guardan mucha comida para el invierno."

Nancy pensó: "¿Quieres que te lleve de vuelta y te suba al árbol?".

"No", negó con la cabeza. "No creo que puedas caminar sobre este hielo mejor que yo. Todos los animales están teniendo problemas. Además, mañana tendré el mismo problema".

"Bueno, supongo que podrías quedarte en mi habitación unos días".

"Sería una buena idea. Nunca he estado en una casa. Pero solo tendría que ser hasta que el hielo se derrita y pueda volver a subir al árbol". Así que Nancy se asomó por la ventana y subió a Sandy a la casa. Él deambuló por la habitación, con los ojos abiertos de par en par, observándolo todo. "Pude ver parte de la habitación cuando miré por la ventana, pero no sabía que fuera tan grande. ¿La compartes con el resto de la familia?".

"No, esta es mi habitación. Tommy tiene su propia habitación, y mamá y papá tienen la suya. Aquí es solo donde duermo. Hay otra habitación donde comemos y otra que se llama sala. Ahí está la chimenea, y podemos ver la tele".

"¿Televisión? ¿Qué es eso?" Sandy parecía desconcertada.

"Ah, ya lo descubrirás. Verás muchas cosas nuevas y extrañas si te quedas en una casa un tiempo".

"Me pregunto por qué tienen que tener tanto espacio dentro de sus casas. Mi árbol hueco es lo suficientemente grande para mí. Pero claro, tengo todo el bosque para correr. Quizás por eso necesitas tanto espacio, porque no pasas tanto tiempo afuera como yo".

"Bueno", dijo Nancy. "Tengo que ir a desayunar o mi mamá se enojará. Puedes venir si quieres, pero ten cuidado, no te ven. No sé si entenderían lo tuyo".

"Bueno, no estoy preocupada. La mayoría de las veces, la gente no me ve. Simplemente eras diferente".

Así que Sandy siguió a Nancy a la cocina. Pero se quedó pegado a la pared y en la sombra, por si alguien lo veía. Le

UNA AMISTAD MUY ESPECIAL

preocupaba que, si algo salía mal, no tendría dónde quedarse, y hacía un frío terrible afuera. Claro, siempre estaba la casa de los conejos bajo la maleza, o los túneles de los topos bajo tierra. Pero la mayoría de los animales simplemente dormían en invierno. Así no tenían que preocuparse por el frío que hacía en casa. Sandy nunca había podido aprender a hacerlo. Además, sería divertido quedarse en una casa unos días. Así podría aprender mucho sobre la gente. Quizás le ayudaría a comprenderlos mejor.

En la cocina, la curiosidad finalmente lo venció. Había tantas cosas que ver que quería observarlas más de cerca. Se subió a una silla y, tras algunos tropiezos, finalmente llegó a la encimera. Corrió detrás de las cosas lo más lejos que pudo. Luego, cuando estuvo seguro de que nadie lo veía, salió corriendo al descubierto. Desde allí pudo ver las ollas hirviendo en la estufa y sentir el calor. Con mucha curiosidad, pensó: «¿Cómo lo hacen?».

A Nancy se le dificultaba desayunar, mientras observaba a Sandy de reojo, esperando que no se metiera en líos. Ahora estaba escondido detrás de la tostadora, viendo cómo el agua salía del grifo y caía al fregadero. Le pareció fascinante. ¿Cómo conseguirían que el agua entrara en casa?

UNA AMISTAD MUY ESPECIAL

De repente, el pan se salió de la tostadora. Estaba tan sorprendido y asustado que dio un salto y, al bajar, se deslizó de la encimera al suelo. Sentado allí, aturdido, levantó la vista y vio a la madre de Nancy caminando hacia él con un plato con pan tostado en la mano. Sin saber qué hacer, corrió frente a ella para esconderse detrás de una escoba al otro lado de la habitación. Ella se sobresaltó. Gritó, y el plato con pan tostado cayeron al suelo.

Todos se giraron para ver qué pasaba. Ella estaba a gatas recogiendo el desorden y mirando a su alrededor. "¿Nadie más vio eso? No sé qué era. Solo vi algo borroso, pero creo que a lo mejor un ratón se ha metido en la casa". Todos rieron, porque no habían visto nada. Pero Nancy estaba preocupada e intentó ver dónde se había metido Sandy. La madre de Nancy agarró la escoba para barrer los pedazos rotos, y Sandy desapareció rápidamente por la esquina del refrigerador.

El resto del desayuno transcurrió en silencio, sin más interrupciones. Nancy se ofreció a recoger la mesa, pues quería estar sola en la cocina. Hacía tiempo que no veía a Sandy y se preguntaba dónde estaría. Sabía que no había salido de la cocina, pero ¿dónde se escondía? Miró con cuidado detrás de las cosas y lo llamó por su nombre en voz baja para que nadie más la oyera. Empezó a preocuparse. No lo encontraba por ningún lado. ¿Adónde se habría ido tan rápido? La última vez que lo vio, estaba escondido junto al refrigerador. ¿El refrigerador? ¡Ay, no! ¿Podría ser? Su madre lo había abierto para sacar mantequilla para hacer más tostadas. ¡Ay, no! Nancy corrió hacia él y abrió la puerta de golpe. Allí estaba la pequeña figura pelirroja, agachada entre la botella de leche y el zumo de naranja, temblando. Lo levantó y lo abrazó para calentarlo.

"Pensé que había venido a esta casa para calentarme", dijo entre dientes. "¿Sabes? Empiezo a pensar que es más peligroso aquí que en el bosque".

Nancy se rió. «Estarás bien si encuentras un lugar cálido y tratas de no meterte en líos».

Para cuando Nancy estaba lista para irse a la cama esa noche, Sandy estaba más que listo. Había pasado un día ajetreado explorando la casa y observando a la gente. Siempre se había preguntado qué hacía la gente en sus casas durante todo el día. Y luego, estaban esas imágenes graciosas que aparecían en esa caja en la sala. Esa cosa que Nancy llamaba televisión. Era muy extraña. Le recordaba un poco al Espíritu Todopoderoso, porque su voz parecía surgir de la nada como las voces de la caja. Pero cuando el Espíritu Todopoderoso le hablaba, siempre era algo importante o muy sabio. Las voces de la caja no parecían muy

UNA AMISTAD MUY ESPECIAL

sabias en absoluto. De hecho, algunas de las cosas que había visto y oído en la televisión le parecían muy tontas. No tenían mucho sentido. Pero supongo que debía de ser importante para los humanos, ya que pasaban muchísimo tiempo viéndola.

Sin embargo, le había gustado mucho la chimenea. El fuego era tan agradable y brillante. Era el más cálido que había sentido desde el verano pasado. Pero incluso allí tenía que tener cuidado. Se quedó dormido detrás de la pila de leña y lo despertaron bruscamente cuando alguien trajo leña para echarla al fuego. Sí, señor, una casa era un lugar peligroso. Tendría que tener mucho cuidado.

Sandy bostezó y se estiró. «Nancy, he estado mirando tu habitación y hay muchas cosas que no entiendo. Por ejemplo, ¿por qué tienes una casita dentro de la casa grande?». Señaló una esquina de la habitación.

«Ah, esa es mi vieja casa de muñecas. Puedes dormir ahí esta noche si quieres. Hay una camita con mantas y todo». Se acercaron y Nancy miró por la ventana. «Ya no juego con ella, pero de pequeña, siempre me preguntaba cómo sería ser lo suficientemente pequeña para vivir ahí».

Sandy entró y estuvo mirando las habitaciones. —"Oh, está bien, de acuerdo. Todo es de mi tamaño. Pero sigo pensando que prefiero mi árbol hueco. Ya me he acostumbrado. —Me cuesta entender por qué tienen cosas como estas que no pueden usar. De hecho, supongo que eso es probablemente lo que más me molesta. ¿Por qué los humanos tienen tantas cosas? Tienen cosas por todas partes. Supongo que algunas tienen un propósito, pero muchas no hacen nada más que quedarse ahí. ¿Cuál es la razón?"

Nancy frunció el ceño. —"Sabes, Sandy, ahora que me preguntas, no estoy segura de saber la respuesta. Muchas de las cosas que tenemos no tienen ningún propósito. Son bonitas y

solo están ahí para que las miremos. Supongo que no las necesitamos. Pero ¿no dijiste una vez, cuando te pregunté por qué ponías gotas de rocío en las telarañas, que algunas cosas podrían existir solo por la belleza y el placer que da mirarlas? "
"Así es. Supongo que es lo mismo. Quizás sea porque no vives en el bosque como yo. Hay tanta belleza a mi alrededor, y cambia constantemente. Solo necesito un lugar donde dormir, algo que comer y algo para entrar en calor. Siempre hay tantas cosas sucediendo ahí fuera, que supongo que nunca tuve que buscar algo bonito que mirar. Pero ustedes se encierran en una casa. Se cierran al resto del hermoso mundo. Pero creo que se lo pierden. Quizás por eso intentan traer consigo fragmentos. No sé, es un misterio. Creo que ustedes complican las cosas mucho más de lo que deberían ser. Se supone que es muy simple. Ustedes, los humanos, son más difíciles de entender de lo que pensaba".

De repente, se oyó un fuerte ruido proveniente de otra habitación de la casa. Sandy se tapó los oídos con las manos y gritó por encima del ruido: "¿Qué carambas es eso?".

"Es mi hermano, Tommy. Otra vez tiene el estéreo demasiado alto. Solo está poniendo música."

Sandy negó con la cabeza, se tapó los oídos y gimió: "¿Música? Es lo último que yo le llamaría. Ay, mis pobres oídos, creo que prefiero la música de los pájaros antes que eso."

"No te preocupes. Le pediré a Tommy que baje el volumen", dijo al salir de la habitación.

Sandy gimió de nuevo. "Más te vale, o no podré dormir." Se metió en la camita y se tapó la cabeza con la almohada.

A la mañana siguiente, el sol salió brillante y cálido, y al poco tiempo el agua goteaba de la casa y trozos de hielo caían de las ramas de los árboles. Nancy se levantó de la cama y fue

UNA AMISTAD MUY ESPECIAL

directa a la casa de muñecas, pero Sandy no estaba. Buscó frenéticamente por la habitación. Era tan pequeño que, si dormía en otro lugar, podrían pisarlo. Entonces, de repente, vio a la pequeña figura pelirroja entrar corriendo a la habitación, sin aliento.

"Sandy, ¿dónde has estado?"

Se apoyó en la pared y jadeó. "Voy a irme y volver a mi árbol hueco en cuanto pueda".

Nancy estaba desconcertada. "¿Por qué?". "¿Qué pasa?".

"Bueno, me levanté temprano, así que fui a la otra habitación a mirar. Estaba trepando por los estantes, cuando de repente oí el ruido más horrible que te puedas imaginar, y tu madre entró con una máquina enorme. Nunca había oído algo así en mi vida. Me puso los pelos de punta. ¡Me asusté muchísimo!".

"Oh", rió Nancy. "Apuesto a que era la aspiradora".

"Bueno, no sé qué era, pero no me hizo mucha gracia. Me asusté tanto que tiré un libro del estante. Ella lo vio y empezó a buscarme. Cuando movió los libros y las cosas del estante, pensé que seguro me iba a aplastar. Pero eso no es lo peor". Se detuvo para respirar. "La oí decirle a tu padre que debía haber un ratón en la casa. ¡Le dijo que dejara entrar a Rufus! Así que mejor me voy. Ya me cuesta bastante mantenerme alejado de él afuera. No sé si podría hacerlo aquí. ¿Por qué todos piensan que soy un ratón?"

Nancy no pudo evitar reírse. "Lo siento, Sandy, pero parece muy gracioso. Al menos, parece que el hielo se está derritiendo afuera, así que ahora podrás subir a tu árbol hueco. Supongo que si tienes que ir, más te vale. Pero esperaba que te gustara vivir en una casa".

"No, Nancy, las cosas son demasiado diferentes a lo que estoy acostumbrado. ¡Las cosas son demasiado complicadas y todo es demasiado RUIDOSO! Tengo que volver a mi árbol y tener un poco de paz y tranquilidad. Pero al menos sabré adónde ir si me aburro demasiado". Nancy lo ayudó a salir por la ventana y lo observó mientras corría hacia el bosque. Esperaba que no pasara mucho frío allí solo.

Al apartarse de la ventana, Nancy pensó: «Bueno, al menos tuvo una aventura». De repente, Rufus entró corriendo en la habitación con un fuerte maullido. «Bueno, Sandy, parece que saliste justo a tiempo». Se agachó y acarició al gran gato amarillo mientras olfateaba por la ventana. «Lo siento, Rufus, llegaste demasiado tarde. Sandy ha vuelto a donde debe estar».

Capítulo 8
La Despedida

UNA AMISTAD MUY ESPECIAL

UNA AMISTAD MUY ESPECIAL

Nancy corrió por el bosque hacia su manantial y respiró aliviada al vislumbrar algo rojo entre los helechos. Allí estaba Sandy, sentado en su roca con la barbilla apoyada en las patas. Se dejó caer en la hierba, sin aliento. «Sandy, ¿dónde has estado? Te he estado buscando por todas partes».

Su voz sonaba un poco triste: «Oh, he estado por aquí. He estado aquí».

Ella pareció sorprendida. «¿De verdad? Pero no te he visto por ningún lado».

Sus ojos parecían mucho mayores de lo habitual cuando la miró y dijo en voz baja: «Lo sé. Lo sé».

"Pero no lo entiendo", parecía desconcertada.

"Bueno, sabía que esto iba a pasar, pero supongo que solo esperaba que no pasara. Que tal vez de alguna manera pudiéramos seguir como hasta ahora sin cambios. Pero debería haberlo pensado mejor. La vida está llena de cambios". Nancy parecía no entender lo que intentaba decir. "Últimamente has estado hablando mucho de tu nueva amiga, Diane, y de lo que estás haciendo en la escuela. Y empecé a preocuparme. Luego, cuando no me viste cuando picoteé tu ventana, ni me oíste cuando te llamé, supe entonces que estaba empezando. Me sentí muy triste y sola. No quería volver a ser como antes, solo yo y los animales".

"Vaya, Sandy, lo siento", murmuró Nancy. No quise hacer eso. Sabes que jamás te haría daño. He estado ocupada en la escuela. Me gusta mucho más aquí de lo que jamás imaginé. He hecho muchos amigos y soy muy feliz de nuevo. Nunca pensé que encontraría a alguien que ocupara el lugar de Jeanne, pero me equivoqué. Diane es igual de buena, y podemos compartirlo todo de la misma manera. Pero, Sandy, yo también te quiero, y no entiendo cómo pude hacerte esto.

"Está bien. Siempre tuve la sensación de que solo podrías verme mientras me necesitaras. Que un día me superarías. Así que, ya ves, es perfectamente natural. Estás empezando a crecer".

Nancy empezó a llorar. "Pero, Sandy, si eso es lo que significa crecer, que te voy a perder... entonces no quiero crecer nunca".

"Bueno, me temo que eso es algo que no podrás detener. Podrías intentar contener la noche o evitar que el sol salga por la mañana. Es algo que tiene que pasar. Nada permanece igual. Pero no estés triste. No pasará esta noche ni mañana. No pasará de repente, eso sería cruel. Pasará lenta y gradualmente, como está empezando a pasar ahora. Simplemente no me necesitarás tan a menudo, así que me verás cada vez menos. Y entonces, un día ya no estaré cerca. Pero para entonces, no importará, porque tu vida estará llena de tantas cosas maravillosas. Y yo seré solo un feliz recuerdo de tu tiempo de soledad. El tiempo en que necesitabas a alguien."

Se secó los ojos. "Bueno, quizá sea más fácil así. Pero me has enseñado tantas cosas maravillosas. ¿Y si no las recuerdo si no estás aquí para recordármelas?"

"Ningún conocimiento se pierde jamás. Por eso debes aprender todo lo que puedas. Cuando aprendes algo, se queda contigo. Puede que no seas consciente de ello, pero está ahí y volverá cuando lo necesites. Recuerda una lección que te enseñé, sobre todas las demás. Observa las cosas con atención. Observa el mundo, escúchalo, siéntelo, huélelo y disfruta de la belleza que te rodea".

"Pero, Sandy, ¿y tú? Dijiste que te sentirías solo. Que no querías volver a ser como antes, solo tú y los animales. ¿Qué pasará contigo?" No soportaba la idea de que su amiguita fuera infeliz.

"Bueno, eso era lo que temía al principio. Pero entonces el Espíritu Todopoderoso vino y habló conmigo. Dijo que le gustaba cómo había aprendido a vivir con los humanos. Sería una pena perder eso. Una vez que aprendes algo, es muy difícil volver a ser como antes. Así que supongo que dirías que me ascendió. Podré seguir ayudando a la gente, además de cumplir con mis otras tareas. Pensé que no me quedaba nada por aprender, pero descubrí que no era cierto. He aprendido una gran lección de ti".

Nancy pareció sorprendida. "¿De mí? ¿Cómo podrías aprender algo de mí?"

"Bueno, ¿recuerdas cuando te dije que la magia más grande de todas era la magia de la vida?" Ella asintió. "Bueno, me equivoqué".

"¿Cómo podrías equivocarte en algo?"

Él ladeó su cabecita. "Bueno, eso demuestra que nunca lo sabes todo". Siempre puedes aprender algo nuevo y emocionante si abres tu corazón. Estando contigo he aprendido la lección del amor. Y he descubierto que el amor es la magia más grande de todas. Porque, ¿qué es la vida sin amor? Estar vivo es algo grandioso y maravilloso, pero he descubierto que está vacío sin amor. Es el regalo más grande de todos, y es gratis para todos. Pero cada uno debe encontrarlo por sí mismo. Nadie puede hacerlo por nosotros. El Espíritu Omnipresente me ha mostrado que intentar aferrarme a ti cuando ya no me necesitas es un amor egoísta. Para amar de verdad a alguien, debes ser capaz de dejarlo ir cuando llegue el momento, sin importar cuánto duela".

UNA AMISTAD MUY ESPECIAL

Nancy sonrió: "¿Quieres decir que realmente pude enseñarte todo eso? Te amé, pero pensé que era algo natural. Igual que amo a mis padres".

"Y Él me dijo que el amor es muy gracioso. El amor verdadero simplemente brota dentro de ti y se derrama. Tiene que ser compartido con los demás". Así que esto es lo que Él quiere que haga: difundirlo. Me dijo que me subiera a mi pájaro carpintero y volara a la granja de al lado. ¿Conoces a la gente que se mudó allí?

"No, todavía no. Oí que hay unos vecinos nuevos y que tienen un niño pequeño. Pero también oí que no va a la escuela, así que todavía no lo conozco. ¿Por qué?"

"Bueno, fui allí y miré por la ventana. Hay un niño pequeño allí, sentado en una silla rara con ruedas. Por eso no puede ir a la escuela. No tiene hermanos ni hermanas. Se veía muy triste y solo. ¿Y sabes qué? Tengo la sensación de que tal vez... tal vez pueda verme."

UNA AMISTAD MUY ESPECIAL

Nancy sonrió: «Ay, Sandy, eso sería maravilloso. Si él pudiera verte como yo, ya no se sentiría solo. No me importaría compartirte con alguien más. Pero me entristece pensar que algún día ya no podré verte. No quiero olvidarte».

Sandy le dio una palmadita en la mano: «Bueno, cuando llegue el momento, solo recuérdame de vez en cuando. Porque cuando me recuerdes, por ese breve instante, volveré a vivir en tu memoria. Siempre estaremos vivos si nos recuerdan. Cuando veas las gotas de rocío en las telarañas y las hojas estallando de color en otoño, piensa en mí. Cuando veas los rayos de luna asomándose entre las nubes y una docena de luciérnagas bailando en el césped, piensa en mí. ¡Piensa en mí y nunca moriré!».

FIN

Sobre La Autora

Dolores Cannon, hipnoterapeuta e investigadora psíquica que registró el conocimiento "perdido", nació en 1931 en San Luis, Misuri. Estudió y vivió en San Luis hasta su matrimonio en 1951 con un militar de carrera de la Marina. Pasó los siguientes 20 años viajando por todo el mundo como una típica esposa de un militar y criando a su familia. En 1970, su esposo fue dado de baja por ser veterano discapacitado y se retiraron a las colinas de Arkansas. Entonces comenzó su carrera como escritora y comenzó a vender sus artículos a diversas revistas y periódicos. Se ha dedicado a la hipnosis desde 1968, y exclusivamente a la terapia de vidas pasadas y al trabajo de regresión desde 1979. Ha estudiado diversos métodos de hipnosis y, por lo tanto, ha desarrollado su propia técnica única, que le ha permitido obtener la información más eficiente de sus clientes. Dolores enseñó su singular técnica de hipnosis en todo el mundo.

UNA AMISTAD MUY ESPECIAL

En 1986, amplió sus investigaciones al campo de los OVNIS. Ha realizado estudios in situ sobre presuntos aterrizajes de ovnis y ha investigado los círculos de las cosechas en Inglaterra. La mayor parte de su trabajo en este campo ha consistido en la recopilación de pruebas de presuntos secuestrados mediante hipnosis.

Dolores fue una conferenciante internacional que impartió conferencias en todos los continentes del mundo. Sus diecinueve libros se han traducido a veinte idiomas. Ha dado charlas a audiencias de radio y televisión de todo el mundo. Se han publicado artículos sobre Dolores en varias revistas y periódicos estadounidenses e internacionales. Dolores fue la primera estadounidense y la primera extranjera en recibir el "Premio Orfeo" en Bulgaria, por su mayor avance en la investigación de fenómenos psíquicos. Ha recibido premios por su destacada contribución y por su trayectoria de varias organizaciones de hipnosis.

Dolores tenía una familia numerosa que la mantuvo en un sólido equilibrio entre el mundo "real" de su familia y el mundo "invisible" de su trabajo.

Si desea comunicarse con Ozark Mountain Publishing, Inc. sobre el trabajo de Dolores o sus cursos de formación, envíe su solicitud a la siguiente dirección. (Por favor, adjunte un sobre con su dirección y franqueo prepagado para su respuesta). Dolores Cannon, Apartado Postal 754, Huntsville, AR, 72740, EE. UU., o envíe un correo electrónico a la oficina a decannon@msn.com o a través de nuestro sitio web: www.ozarkmt.com

Dolores Cannon, quien falleció el 18 de octubre de 2014, dejó tras de sí logros increíbles en los campos de la sanación alternativa, la hipnosis, la metafísica y la regresión a vidas pasadas. Pero lo más impresionante de todo fue su comprensión innata de que lo más importante que podía hacer era compartir información. Revelar conocimiento oculto o por descubrir, vital para la iluminación de la humanidad y nuestras lecciones aquí en la Tierra. Compartir información y conocimiento es lo que más le importaba a Dolores. Es por eso que sus libros, conferencias y su singular método de hipnosis

UNA AMISTAD MUY ESPECIAL

QHHT® continúan asombrando, guiando e informando a tantas personas en todo el mundo. Dolores exploró todas estas posibilidades y más, llevándonos con ella en el viaje de nuestras vidas. Ella quería que otros viajeros compartieran sus viajes hacia lo desconocido.

UNA AMISTAD MUY ESPECIAL

Other Books by Ozark Mountain Publishing, Inc.

Dolores Cannon
A Soul Remembers Hiroshima
Between Death and Life
Conversations with Nostradamus, Volume I, II, III
The Convoluted Universe -Book One, Two, Three, Four, Five
The Custodians
Five Lives Remembered
Horns of the Goddess
Jesus and the Essenes
Keepers of the Garden
Legacy from the Stars
The Legend of Starcrash
The Search for Hidden Sacred Knowledge
They Walked with Jesus
The Three Waves of Volunteers and the New Earth
A Very Special Friend
Aron Abrahamsen
Holiday in Heaven
James Ream Adams
Little Steps
Justine Alessi & M. E. McMillan
Rebirth of the Oracle
Kathryn Andries
Time: The Second Secret
Will Alexander
Call Me Jonah
Cat Baldwin
Divine Gifts of Healing
The Forgiveness Workshop
Penny Barron
The Oracle of UR
The Oracle of UR, Book 2
P.E. Berg & Amanda Hemmingsen
The Birthmark Scar
The Birthmark Scar, Book 2
Dan Bird
Finding Your Way in the Spiritual Age
Waking Up in the Spiritual Age
Julia Cannon
Soul Speak – The Language of Your Body
Jack Cauley
Journey for Life
Ronald Chapman
Seeing True
Jack Churchward
Lifting the Veil on the Lost Continent of Mu
The Stone Tablets of Mu

Carolyn Greer Daly
Opening to Fullness of Spirit
Patrick De Haan
The Alien Handbook
Paulinne Delcour-Min
Cosmic Crystals!
Divine Fire
Holly Ice
Spiritual Gold
Anthony DeNino
The Power of Giving and Gratitude
Joanne DiMaggio
Edgar Cayce and the Unfulfilled Destiny of Thomas Jefferson Reborn
Paul Fisher
Like a River to the Sea
Anita Holmes
Twidders
Aaron Hoopes
Reconnecting to the Earth
Edin Huskovic
God is a Woman
Patricia Irvine
In Light and In Shade
Kevin Killen
Ghosts and Me
Susan Linville
Blessings from Agnes
Donna Lynn
From Fear to Love
Curt Melliger
Heaven Here on Earth
Where the Weeds Grow
Henry Michaelson
And Jesus Said – A Conversation
Andy Myers
Not Your Average Angel Book
Holly Nadler
The Hobo Diaries
Guy Needler
The Anne Dialogues
Avoiding Karma
Beyond the Origin
Beyond the Source – Book 1, Book 2
The Curators
The History of God
The OM
The Origin Speaks
Psycho Spiritual Healing
Kelly Nicholson
Ethel Marie

For more information about any of the above titles, soon to be released titles, or other items in our catalog, write, phone or visit our website:
PO Box 754, Huntsville, AR 72740|479-738-2348/800-935-0045|www.ozarkmt.com

Other Books by Ozark Mountain Publishing, Inc.

James Nussbaumer
And Then I Knew My Abundance
Each of You
Living Your Dram, Not Someone Else's
The Master of Everything
Mastering Your Own Spiritual Freedom
Sherry O'Brian
Peaks and Valley's
Gabrielle Orr
Akashic Records: One True Love
Let Miracles Happen
Nick Osborne
A Ronin's Tale
Nikki Pattillo
Children of the Stars
A Golden Compass
Victoria Pendragon
Being In A Body
Sleep Magic
The Sleeping Phoenix
Alexander Quinn
Starseeds What's It All About
Debra Rayburn
Let's Get Natural with Herbs
Charmian Redwood
A New Earth Rising
Coming Home to Lemuria
David Rousseau
Beyond Our World, Book 1
Beyond Our World, Book 2
Richard Rowe
Exploring the Divine Library
Imagining the Unimaginable
Garnet Schulhauser
Dance of Eternal Rapture
Dance of Heavenly Bliss
Dancing Forever with Spirit
Dancing on a Stamp
Dancing with Angels in Heaven
Annie Stillwater Gray
The Dawn Book
Education of a Guardian Angel
Joys of a Guardian Angel
Work of a Guardian Angel

Manuella Stoerzer
Headless Chicken
Blair Styra
Don't Change the Channel
Who Catharted
Natalie Sudman
Application of Impossible Things
L.R. Sumpter
Judy's Story
The Old is New
We Are the Creators
Artur Tradevosyan
Croton
Croton II
Jim Thomas
Tales from the Trance
Jolene and Jason Tierney
A Quest of Transcendence
Paul Travers
Dancing with the Mountains
Nicholas Vesey
Living the Life-Force
Dennis Wheatley/ Maria Wheatley
The Essential Dowsing Guide
Maria Wheatley
Druidic Soul Star Astrology
Sherry Wilde
The Forgotten Promise
Lyn Willmott
A Small Book of Comfort
Beyond all Boundaries Book 1
Beyond all Boundaries Book 2
Beyond all Boundaries Book 3
D. Arthur Wilson
You Selfish Bastard
Stuart Wilson & Joanna Prentis
Atlantis and the New Consciousness
Beyond Limitations
The Essenes -Children of the Light
The Magdalene Version
Power of the Magdalene
Sally Wolf
Life of a Military Psychologist

For more information about any of the above titles, soon to be released titles,
or other items in our catalog, write, phone or visit our website:
PO Box 754, Huntsville, AR 72740|479-738-2348/800-935-0045|www.ozarkmt.com

www.ingramcontent.com/pod-product-compliance
Lightning Source LLC
Chambersburg PA
CBHW071321040426
42444CB00009B/2062